平和構築

——アフガン、東ティモールの現場から

東 大作
Daisaku Higashi

Eurus

Notus

Boreas

Zephyrus

岩波新書
1190

はじめに

現在、「平和構築」に日本がどう参画するかが、日本の国際貢献の将来を決める上で、最大の焦点になっている。

「イラクへの自衛隊派遣」は、まさに、アメリカの侵攻と占領によって始まったイラクの国家再建、いわゆる「紛争後の平和構築」に、日本がどう関わるかが問われた問題だった。

「インド洋への海上自衛隊の派遣」は、日本がアフガニスタンの平和構築にどう参加するか、鋭く問われている問題である。日本政府は、米国が主導する「不朽の自由作戦」への参画を継続するために、野党の反対を押し切り、派遣の継続を決めた。他方、民主党の小沢一郎氏は、国連が承認した国際治安支援部隊（ＩＳＡＦ）への参加を提唱し、大きな波紋を引き起こした。

「紛争後の地域において、国家の再建を通じ、紛争の再発を防ぎ、平和を定着化させる活動」と国連によって定義されている「平和構築」、英語で‘Peacebuilding’と呼ばれる活動は、今や世界の主要課題になった。イラク、アフガニスタンは言うに及ばず、東ティモール、スーダン、シエラレオネ、ブルンジ、ハイチ、コンゴ民主共和国など、紛争地域の多くで「どう国家を再建し、平和を永続化し、紛争の再発を防ぐか」が焦点になっている。

一方、「平和構築」をめぐる課題は、国連を中心とした枠組みでこの問題を解決するのか、アメリカを主導とする枠組みで解決すべきなのか、紛争解決のための世界秩序のあり方も決定する主題になっている。

冷戦終結後、主な国連加盟国は、ナミビア、カンボジア、ボスニア、エルサルバドル、アンゴラ、ルワンダなどの紛争地域で、その紛争の終結と、その後の国家再建を、国連主導で行うプログラムに着手した。それはアンゴラやルワンダでは大きな失敗を経験したが、一方、ナミビア、カンボジア、エルサルバドルなどの国々では一定の成果を収めた。そして、東ティモールの独立と国家再建は、ほぼ国連の手で全てが行われ、「二一世紀の平和構築は、国連が主導する」という熱気がみなぎった。

この流れを全面的に変えたのが、単独行動主義をとる米国・ブッシュ政権の誕生である。ブッシュ政権は、国連安保理の多くの国が反対する中、その反対を押し切ってイラクへの侵攻を開始し、その後のイラク復興も自らの手で行おうとした。しかしその試みは、開戦から一年を待たずに挫折。二〇〇四年春には、国連に再度、イラクの新国家建設への政治的な介入を依頼する。ブッシュ政権の要請で、ブラヒミ国連特使が率いる特別調査団が改めてイラクに入り、各勢力の間を調停し、はじめて、イラク暫定政権の設立とその後の選挙を行うことができるという、歴史的な展開をとげた。イラクの国家再建におけるブッシュ政権の挫折は、国連の重要性を再度認識させ、現在、平和構築をどう行うべきかが、広く欧米の政策担当者の間で議論されている。そして、国際政治学の場においても大きな議論が巻き起こされている。

こうした流れの中で、世界の平和に寄与することを謳った平和憲法を持つ日本は今、「平和構築」に積極的に関与しようとしている。日本は、国連発足六〇周年の最大の改革として新たに設立が決まった「平和構築委員会」に、二〇〇六年発足当初から参加している。二〇〇七年六月から二〇〇九年一月までは、この委員会の議長国を務め、平和構築を世界で牽引する国家としての一歩を踏み出した。また外務省は、平和構築に日本がより積極的に参加するための人材育成プログラム、いわゆる「寺子屋構想」を二〇〇七年から立ち上げ、日本とアジア各国から若者を集め、人材育成に動き出している。

しかし、この「平和構築」に関する一般的な理解は、まだ浸透していない。国連や一部の大国が各地で進めている、憲法の制定や選挙の実施、新たな警察や国軍の育成、そして武装勢力の軍備解体のプログラムや武装勢力との和解の問題など、ダイナミックな平和構築の実際は、そうした試みが始まってまだ間もないこともあり、一般の市民に十分伝わっていない。

また、この「平和構築」と、紛争の途中で武力介入することで平和を形成しようとする「平和執行活動」や、いわゆる国連による「PKO(平和維持活動)」との違いも、まだあまり理解されていない。さらには国連主導で行われている平和構築活動と、イラクやアフガニスタンなど、アメリカや多国籍軍主導で行われている平和構築活動の違いの分析も、あまり行われていない。

本書の狙いは、日本外交の主要課題になった「平和構築」の実情と課題、そして将来の方向性を、アフガニスタンと東ティモールという、日本が深く関わってきた平和構築の現場における詳細なリポートから浮かび上がらせることである。


私は、二〇〇四年にNHKのディレクターとして、イラクの国家再建をめぐるアメリカと国連の攻防について、当時のアナン事務総長をはじめとした国連幹部と、米仏独などの国連大使への密着取材を行い、NHKスペシャル「イラク復興・国連の苦闘」を企画・制作した。(同年四月に放送された番組は、世界国連記者協会の銀賞を受賞した。)

「平和構築」の専門家になって、より具体的な貢献をしたいと考えた私は、同年七月にNHKを退社、カナダのブリティッシュ・コロンビア大学の政治学科の大学院に通い、これまで五年にわたり政治学の理論と平和構築についての調査、研究を続けてきた。その間、二〇〇六年に発足した国連平和構築委員会の事務方のトップ、キャロリン・マカスキー平和構築担当・国連事務次長補と協力関係を築くことができ、彼女の紹介のもと、ニューヨークの国連本部で平和構築に携わる五〇人を超える幹部にインタビューを行った。

その上で、アフガニスタンや東ティモールを担当する国連政務官に対し、現地調査についての協力を要請し、了解を得た。またトヨタ財団から現地調査のための研究助成金が認められ、国連代表部の大島賢三前大使および高須幸雄大使からも調査に関する推薦状を得た。同時に、JICA(国際協力機構)の理事長・緒方貞子氏から日本に帰国するたびに貴重な助言をもらい、調査の方向性を定めることができた。

こうした支援のおかげで、二〇〇八年二月と五―六月に、国連アフガン支援ミッション(UNAMA)の全面的な協力のもと、首都カブールと、その隣にあるキャピサ県、ワーダック県、南部のカンダハール県の三県において、四人の閣僚を含めた多くのアフガン政治指導者、地方の軍事司令官、軍備解体担当官、和解プログラムの担当者、そして国連関係者やISAFの文民代表など、七〇近い個別インタビューを行った。さらに、一般のアフガニスタン人の意識を把握するため、上の三県において、あわせて二六〇人の一般市民に対しアンケート調査も実施した。アフガニスタンでの治安が悪化する中で、こうした地方において調査を行うことは、国連が、私の調査の全行程に、国連車と(必要に応じて)警護車をつけ、現地の国連職員と同じ基準の安全対策を取ってくれて初めて可能になった。

また、同年一〇―一一月には、東ティモールでも、国連東ティモール統合ミッション(UNMIT)の全面協力のもと、アフガニスタンと同様の調査を行った。

この現地調査をもとにまとめた報告書"Challenge of Constructing Legitimacy in Peace-building"は、国連PKO局のウェブサイトに掲載され、私自身、ニューヨークの国連本部PKO局で調査について発表を行った。また報告書は、アフガニスタンや東ティモールの国連機関や政府機関で、広範に利用されている。(同報告書は、国連PKO局のBest Practices Sectionのウェブサイトを見るか、英文タイトルをGoogleなどで検索すると、読むことができる。)

この報告書や現地調査の内容をまとめ、「平和構築」という世界的な課題の最前線の動きを伝えること、そして日本の国のかたちを決めるであろう重要な政策課題である「平和構築」にどう向きあうべきか、その議論にささやかな一石を投じることが、本書の目的である。

目　次

アフガニスタン

＊　著者は，2008年2月と5-6月に，主に首都カブール，キャピサ県，ワーダック県，カンダハール県で現地調査を行った．

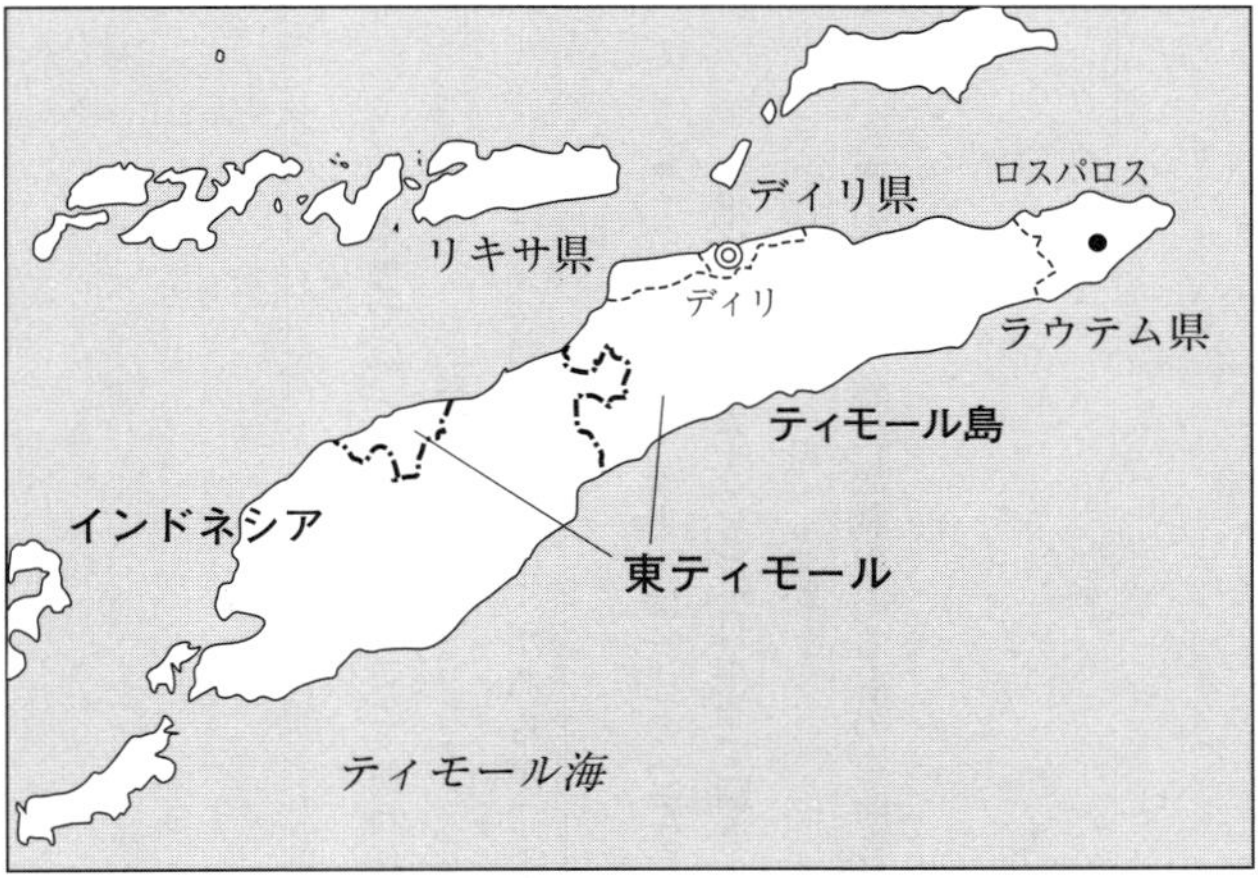

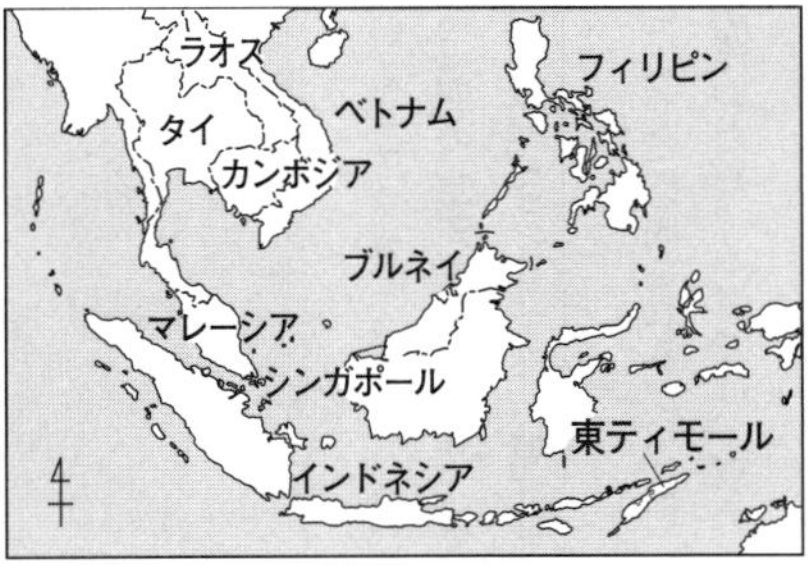

*　著者は，2008 年 10-11 月に，主に首都ディリを含むディリ県，リキサ県，ラウテム県で，現地調査を行った．

＊本書では、国名、地名として使われている「アフガニスタン」を、原則として「アフガン」と表記した。また、アフガンには三四のProvinceがあり、それぞれのProvinceに一〇前後のDistrictがあるが、本書では、Provinceを「県」と訳し、Districtを「郡」と訳した。

＊一方、東ティモールは一三のDistrictによって構成されるが、「郡」を最大の地方行政単位として表すことは日本語で馴染みが薄いため、本書では、東ティモールのDistrictについては「県」と訳した。

＊写真は、特に記載のあるものを除き、著者の現地での撮影による。

第1章

「平和構築」の現場から

― 生と死を賭けた活動 ―

防弾壁の前でたたずむ少女(アフガンのカンダハールで，2008年6月)

戦闘が続くカンダハールで

二〇〇八年六月八日。私はアフガンの首都カブールから、国連専用機でアフガン南部最大の都市、カンダハールに向かっていた。二〇〇一年のアメリカの侵攻と、タリバン政権の崩壊を契機に始まったアフガンでの平和構築。二〇〇四年頃までは治安も安定し、カブールからカンダハールまで、陸路行くことができた。二〇〇五年から始まった急激な治安の悪化により、現在、国連職員はみな、この専用機を使って空路カンダハールに入る。一般のアフガン市民もタリバンからの攻撃を恐れ、陸路でカンダハールに入ることはなくなったと聞いた。

灼熱のカンダハール空港に着く。ここに足を踏み入れることは、さすがに緊張をともなった。二〇〇八年に入ってアフガン全土での治安は更に悪化し、五月には、アメリカ軍とISAF（国際治安支援部隊）の死者の数が、イラクでのアメリカ軍の死者の数を初めて上回った。その中でもカンダハールを含めた南部五県は、タリバン勢力の拡大が著しく、アメリカ軍やISAFとの戦闘が激しくなっていた。

私は今、カナダの大学の博士課程に所属しているが、カンダハールには、そのカナダの部隊が二〇〇五年から駐留している。私が入った二〇〇八年六月までに、カナダ人の死者は既に一

○○人を超えようとしていた。私の親友であるロシア出身の学生が私に言ったことを思い出す。「カンダハールで本気で戦うなんて無理だと思う。ソ連がアフガンに侵攻した当時、毎週のようにカンダハールでソ連軍兵士が死んだ。『今日も私の息子がカンダハールで殺された』という趣旨の歌があるくらいだから」

平和構築が始まった当初、カンダハールも治安はよく、日本のＪＩＣＡ(国際協力機構)も積極的に支援を行った。多くの学校や道路が日本の援助によって建設され、その一部は、「緒方ロード」と名付けられ、地元のアフガン人から深く感謝された。そのＪＩＣＡのカンダハール事務所からも、二〇〇六年、日本人職員は撤退せざるを得なくなった。現在カブールにいるＪＩＣＡの職員や専門家が、カンダハールの現地職員と連絡を取り合い、なんとか事業を継続している。

空港に迎えに来てくれた国連車で国連事務所に向かう。安全対策のため、途中で止まることは禁止され、時速一〇〇キロ以上の速度で走る。この道も安全ではなく、カナダ軍など多くの戦闘車両が攻撃の対象になっている。自爆テロを防ぐために幾重にもめぐらされた土嚢《どのう》を越えて国連事務所に入った。担当官から、アフガン南部五県では、既に、政府が支配している地域は三割に過ぎないと聞き、改めて南部におけるタリバンの勢力拡大を実感する。(ただカンダハール市内など、人口の多い地域を政府側が押さえているため、人口で見ると、七割をまだ政府側がコントロールしているということだった。）

その日予定していたインタビューを二つほどこなし、国連関係者専用のホテルで泊まる。夜は市内も安全でないため、日が暮れる前にホテルに戻る。ホテルには十数人の国際スタッフが居住しているが、みな、安全対策上の理由で、それぞれの事務所とこのホテルしか出入りすることを許されない。極端に制限された生活環境の中で、何年も踏ん張って平和構築活動に携わっている人たちに、心から敬意を表さざるを得なかった。

住民の声

翌日、朝からUNDP（国連開発計画）とアフガン現地政府の「農村復興開発省」が共同で運営している事務所に入る。ここでは、農村復興開発省の現地職員五人が、私の意識調査を応援してくれることになっていた。国連アフガン支援ミッション（UNAMA）とUNDP、そして農村復興開発省のカンダハール事務所が協力してくれて、カンダハールでの調査が可能になった。まず一時間、私の雇った現地の通訳を通じて、調査のやり方について説明し、その後、カンダハール県全土から集まってくれた五〇人の村人が待つ部屋に向かった。

現在の治安状況の中で、一般の人々の意識をどう知るかが、私の調査にとって大きな課題であった。大臣や中央政府の有力者、地方軍閥のトップたち、地方の有力政治家や農村における共同体(コミュニティ)のトップに会って話を聞くことは、日本大使館や国連関係者の紹介や支援があれば、交渉次第でなんとか可能であった。しかし、一般の人たちにどう会って話を聞くのか。普通の国で行うように、市場に行って行き交う一般の人たちに話を聞いたりする事は難しくなっていた。途中で誘拐されて、身代金を要求されたりする可能性が十分あるからだ。

しかし次章で詳しく述べるように、私の調査が「平和構築の過程において、地元政府のレジティマシー(正統性)や信頼を、国際社会の支援の下でどう築いていけるのか」という問いに焦点を当てている以上、一般の住民の声を直接聞き、政府や国際機関、アメリカ軍やＩＳＡＦに対する信頼や不信感、不満や希望を、ある程度体系的に把握することは不可欠だった。

そのため最終的に試みたのは、国連やその他の組織に協力を要請し、アフガンのいくつかの代表的な地域で、アンケート調査を実施し、そこに自分も通訳と一緒に参加し、直接、住民の声に耳を傾けるということだった。

その案を提示したところ、現地の国連側も調査の意義を理解してくれて、アフガン人職員の派遣を含め、全面的に協力してくれることになった。そこで私は三〇問に及ぶ質問をまず英語で用意し、それを通訳の人に現地のダリー語(タジク人の使用する言語で、公用語の一つ)とパシュトゥーン語(パシュトゥーン人が使う言語で、同じく公用語)に訳してもらう。内容を国連職員にチェックしてもらった上で、アフガン南部で極端に治安の悪化しているパシュトゥーン人地域「カンダハール県」、アフガン中部でパシュトゥーン人が多く住みタリバンの浸透が進む「ワーダック県」、そして、タジク人が多く住み、比較的治安もよく、軍閥解体など政府のプログラムも受け入れられる傾向がある中部の「キャピサ県」、あわせて三県で二六〇人から意識調査を集めることを計画した（X頁の地図参照）。アフガンでの識字率は五割に満たないと言われている。そのため同じアンケート用紙を使って調査員が一人ひとりと面接し、質問や答えを全て読み上げ、そこから答えを選んでもらい、調査員が自らマークする方法を取った。

集まってくれた村人たち（カンダハール）

そして最初の意識調査を行ったのが、カンダハール県だった。集会場に行くと、カンダハール県全土、全部で六つの郡から五〇人の村人たちが集まってくれており、しかもパキスタンとの国境地帯にある郡など、政府側の支配が既に及ばなくなった地域からも多くの村人が来てくれていた。私は集まってくれた村人に対し、①調査の結果は私の英語のリポートや本、そして日本語の本などで紹介されること、②住民の名前は聞かないし、どこにも記載されない、など安全上の配慮を強調し、協力を求めた。

その後、五人の現地スタッフと私と通訳が、各部屋に分かれ、一斉に聞き取りを始めた。経済的な状況から始まり、ISAFを指揮するNATO(北大西洋条約機構)や、アメリカ軍の軍事作戦への支持や不支持、軍事作戦を国連とアメリカ軍のどちらが主導すべきか、タリバンとの和解への支持や不支持など、かなり政治的にもきわどい内容を含んでいた。(最終的にアフガン三県で集めた二六〇人のアンケートの主な内容と結果は、巻末の資料①に記載。)私も同じアンケート用紙を使って話を聞きながら、さらに突っ込んだ内容を質問していく。

聞き取りを行うスタッフ(カンダハール)

この日、私自身は四人の村人から話を聞くことができたが、同じカンダハール県でも、郡によって状況にかなりの違いがあることが分かった。たとえば県の中心にあるカンダハール市のすぐ南に位置するダマン郡では、比較的まだ治安も安定し、水道などインフラの状況も三年前よりは改善し、学校もまだ通常通り授業を行っているということだった。一方、衝撃的だったのは、スピンボルダック郡という、パキスタンと国境を接した郡の状況を、地元の教師だというS氏(本当の名前は聞いていない)から聞いた時だった。

小学校の教師であるS氏によれば、スピンボルダック郡では、タリバンによる、学校の先生や校長に対する脅迫が広範囲に行われるようになり、〇八年に入ってほぼ全ての学校が閉鎖に追い込まれた。S氏自身、何度もタリバンと思われるガンマン(狙撃手)から、「これ以上学校に行くのであれば、殺害する」という脅しを受けていた。こうした治安状況下で政府の事業もほとんど届かず、電気も全く普及されない状況が続いていた。

苦しいのは、アフガン政府の軍や警察もまた信頼できず、それ自体、脅威でもあることだった。軍や警察の人間から金銭を払えと脅されることは、アフガンでは広範に行われているのが現実である。S氏は、「だから私たち住民は、タリバンなど武装勢力からも脅威を感じ、政府側の軍や警察からも脅威を感じているのです。毎日が不安と恐怖です」と訴えた。

S氏は現在、世界銀行との協力のもと農村復興開発省がアフガン全土で行っている「地域開発評議会(Community Development Council＝CDC)」にも積極的に参加している。このプロジェクトでは、村で二五人以上が集まると評議会(CDC)を結成でき、その評議会で話し合い、地元で行いたい事業を自ら計画できる。その内容を農村復興開発省に申請すると、一つの評議会あたり、約六〇〇万円の事業費を国が資金提供するというものである。

総事業費八〇〇億円にのぼるこのアフガン最大規模の国家プロジェクトへの関心はとても高く、二〇〇三年に始まって以来、アフガン全土で爆発的に広がり、既に二万を超える開発評議会が作られていた。S氏も地元の開発評議会に積極的に参加し、灌漑などの事業を進めていた。S氏の言葉によれば、「アフガンでの新しい国づくりが始まって以来唯一の希望が、この評議会による開発プロジェクト」だった。

その開発評議会に対しても、タリバンは広範囲な妨害行為を始めていた。この地域主導型プロジェクトが地元の人たちから根強い人気があるため、タリバンも開発評議会が作った学校や施設への直接的な武力攻撃は控えていると言われている。しかし、開発評議会に参加している人たちへの脅迫は、既に南部の多くの地域で始まっていた。そのことに話が及ぶと、S氏は意を決したように、懐から一枚の紙を取り出した。「これがタリバンから送られてきた、開発評議会への参加をやめるよう脅迫する手紙です」

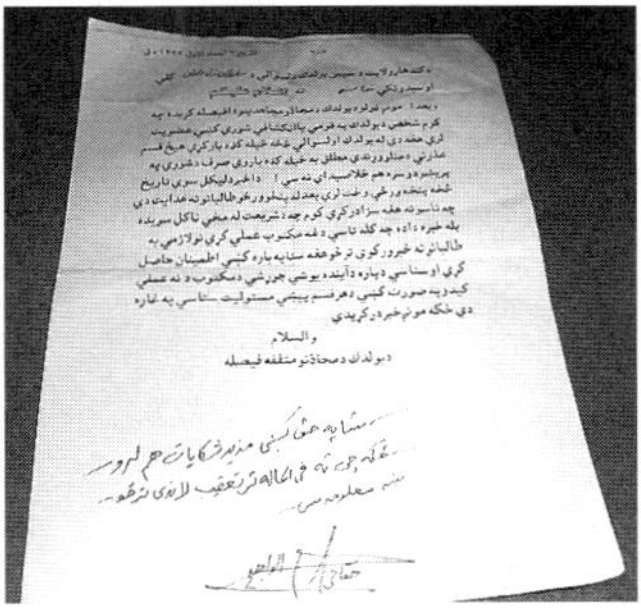

タリバンからの脅迫状

タリバンの指導者と見られるサインもついたこの脅迫状は、「この手紙を受け取ってから五日以内に、開発評議会での活動を止めるか、さもなくばスピンボルダック郡から立ち退くこと。さもなければ、タリバンの手によって粛清される」という内容だった。カブールの援助機関の職員から、開発評議会に対する幅広い脅迫が始まっているということは聞いていたが、やはり直接脅迫状を目にすると、S氏の受けた恐怖感が直に伝わってきた。

「この先どうするのですか」という私の問いに、S氏は「まだ分からない。しかし開発評議会の活動を止めることは、希望を全て失うに等しい。なんとか、続けていきたい」と応じた。そして、「私は教師として、子供たちを教え、この国に平和を築くことを使命だと思っている。そのためには、死をも覚悟しています」と少し声を強くして話した。

（S氏の話に衝撃を受けた私は、カブールに帰った後、アフガン教育省でモハメッド・カカール教育大臣顧問に話を聞いた。それによれば〇八年六月現在、アフガン全体で六三五の学校が閉鎖。特にアフガン南部で閉鎖が相次ぎ、カンダハール県では一四四の学校が閉鎖に追い込まれていた。）

生死の覚悟の中で

五〇人の村人からのアンケートの集約が終わり、協力してくれたスタッフ一人ひとりにお礼を言い、ホテルに戻る。翌カンダハール三日目、今度はカンダハール県の有力者へのインタビューを開始する。事前にどんな人にインタビューしたいか、リストを送っていたため、国連事務所がアポを調整してくれた。

国連車が自由に動けるのは、カンダハール市内のおよそ二キロ四方の「安全地帯」のみである。その地帯より外に住む方については、カンダハール市内の事務所まで出向いてもらうしかなかった。ショックを受けたのは、インタビューする予定だった一人が、私がカンダハールに入るわずか二日前に暗殺された、と聞かされた時だった。

暗殺されたのは、アーガンダブ郡という、カンダハールで最も戦闘の激しくなっている郡を支配するアルコザイ族の長であった。その部族は元々アフガン政府に近い部族で、特にムラ・マキアと呼ばれる強力な部族長が支配していた時は、彼が政府に協力的であり、かつ地元で強力な力を維持していたため、タリバンもアーガンダブ郡には浸透できなかった。しかし、〇七年、マキア氏が何者かに銃撃を受け、その傷がもとで死亡した後、情勢は一変した。アーガンダブ郡は不安定化し、タリバンの侵攻が進み、その分、ＩＳＡＦやアメリカ軍との戦闘が激化した。そして部族同士の争いが原因とみられる暗殺により、そのアルコザイ族の長が、三人相次いで殺害される。最後の一人が、私がインタビューするはずの人だったのである。壮烈な政治闘争の一端をかいま見る思いだった。

それでも、カンダハール県で最も力があると言われる、カルザイ大統領の弟でカンダハール県議会の議長であるアメッド・ワリ・カルザイ氏をはじめ、カンダハール地方政府で働く各部局のトップ、タリバンとの和解交渉の責任者、政府に批判的な部族の有力者など、あわせて八人にインタビューする。治安上の理由から、国連事務所からもカンダハール滞在は四日間にして欲しいと依頼があり、それ以上は無理だった。その内容は、後の章で記述するが、最後にインタビューした、カンダハールで治安セクターの改革を担当するあるアフガン人国連職員、N氏の話に私は心を打たれた。

二〇〇一年以来、カンダハールで様々な事業を担当し地元の事情に精通したN氏の受け答えは、極めて率直だった。アフガン南部に無数に存在する部族のうち、どれがタリバンに属し、どれが属していないか、どうやって判断するのかという質問について、N氏は次のように英語で話してくれた。

「アフガン人は今、政府も信頼できないし、かといってタリバンにも賛成できない、そんなジレンマの中で生きているのです。政府を信頼できないのは、政府が住民に対して約束したことを守らない、と人々が感じていることが最大の原因です」

「そんな中、人々は伝統的な部族に頼って生きている。その部族も自らの存続のために、政府とタリバンの双方の力関係を見ながら、態度を決めていかざるを得ない。たとえば、昼間は政府側と協力して握手をし、夜は、夜間の実行支配を広げているタリバンと握手する。そんな生き方をするしかないんです」

そして、今後の生活への希望を問われて、彼はしんみりと話し始めた。

「正直言うと、私は今、二人の娘を学校に行かせることができなくなっているんです。私のように政府のコントロールが最も及んでいるはずのカンダハール中心部に住んでいてさえ、恐ろしくて子供を学校に送りだすことができない。子供たちは、なぜ学校にいけないのかと私に聞いてくる。どう応じたらよいのか、私には分からない。学校に行けないということは、将来への希望を絶たれることでもあるのです」

「私自身、国際機関で働いているということで、頻繁にタリバンから脅迫状が来ます。妻からは『もう国際機関で働くのは止めて欲しい』といつも言われます。しかし、止めてどうすればよいのか。他の仕事だって、見つかるわけじゃない」

「何よりも、私たちが今この仕事を放棄したら、一体誰が、この国の平和を築くことができるのでしょうか。私たちがここで踏ん張ったら、将来、状況が変わるかも知れない。しかし、私たちが諦めてしまったら、もうこの国は終わりじゃないですか」

Ｎ氏とのインタビューを終え、私は国連車に乗り込み、カンダハール空港に向かった。脳裏に、国連カブール事務所の幹部から聞いた言葉がよみがえる。「東さん。国連に属するアフガン人スタッフにとって、『平和構築』とは、まさに生死を賭けた活動なのです。我々国際スタッフは、最悪の場合、アフガンから撤退することができる。でも、現地のアフガン人スタッフは、そうはいかない。仮にタリバンがまたこの国を支配した時、最初に犠牲になるのは、国際機関に協力した彼らなのです」

私がカンダハールを離れ、首都カブールに戻った二日後、カンダハールの刑務所がタリバンによって襲撃され、千数百人とも言われるタリバン兵士が解放された。カンダハール県全体に戒厳令が出され、各地の拠点を奪取しようとするタリバンと、アメリカ軍とＩＳＡＦの間で、激しい戦闘が繰り広げられた。こうした影響で、六月のアメリカ軍及びＩＳＡＦの死者は、二〇〇一年のタリバン政権崩壊後、初めて四〇人を超えて四六人となり、アフガン人側の死者も著しく増加した。私は、調査に協力してくれたスタッフや村人たちの安否を気遣いながら、予定されていたワーダック県やキャピサ県での住民アンケートや、知事、県警察のトップ、軍閥の司令官など有力者へのインタビューを続けていた。もしカンダハールを出るのが二日遅れていたら、しばらくは出発できず、他の県での調査は中止に追い込まれていた可能性が高かった。

一週間たった後、私はＮ氏のことが気になり、カブールから彼の携帯に電話した。幸い、Ｎ氏は元気そうだった。家族や子供たちも怪我はなく、家から出ることはできないものの、なんとか元気にしていると彼は話した。「心配で電話してみた」と言った私に、Ｎ氏は、「どう感謝の気持ちを伝えたらいいのか。あなたの調査やそのリポートが成功することを、心から祈っています」と話してくれた。

Ｎ氏との電話を切った時、「どんなに苦しくても、状況が悪くても、私たちはアフガンを見捨てることはできない」という思いにかられた。

一九九一年から二〇〇〇年まで国連難民高等弁務官として、その後はＪＩＣＡの理事長としてアフガンへの支援を続けている緒方貞子氏が述べている通り、国際社会は何度もアフガンを見捨ててきた。二〇〇一年九月一一日に起きた同時多発テロを境に、ようやく国際社会はアフガンにおける平和構築に本腰を入れることになった。一九七九年にソ連が侵攻して以来、ソ連との戦闘や、それに続く内戦に苦しみ続けてきたアフガン人は、今度こそ平和が来ると心から期待した。

その平和が今、根底から脅かされている。しかし、Ｎ氏をはじめ、現場で平和構築のために生死を賭けて踏ん張っている多くのアフガンの人々の姿は「再びアフガンを見捨てることはできない」と、教えてくれている気がした。

治安回復へ向かう東ティモール

それから約五か月後、私は、もう一つの調査国である東ティモールの首都ディリにいた。二〇〇六年に起きた内紛で、およそ一五万人のディリ市民が国内難民となり、無数に設けられた難民キャンプでの暮らしを余儀なくされてきた。その中の一つに住む、フィロメナ・フーガさんに会うために、私は難民キャンプに向かっていた。

二四年にわたるインドネシアによる不当な占領に苦しんできた東ティモールの人々が、国連が主体となって行った国民投票で独立を選択したのが一九九九年。その直後、インドネシア軍と東ティモール内のインドネシア併合派の民兵によって、東ティモール全土が焦土と化した。その後、国連安保理事会が承認したオーストラリアを主体とした多国籍軍による介入によって、治安は回復に向かった。それから東ティモールでは、国連暫定統治機構と国連平和維持部隊(国連PKO部隊)、国連警察など、国連が主導する形で新しい国づくりが行われてきた。二〇〇二年の選挙により新しい大統領が選ばれ、二〇〇五年には、国連平和維持部隊および国連警察のほとんどが、東ティモールから撤退した。

比較的順調に新たな国づくりが進み「国連主導による平和構築」の模範のように言われてきた東ティモール。しかしPKOが撤退して一年たたない内に、国内の東と西の対立に端を発した軍の一部と正規軍の武力衝突、さらに軍と警察の衝突が起こり、最後には、その混乱に乗じて多くのギャングや不法者、さらにディリ市民の中で日常から不満を抱いていた市民の一部が、他の一般住民の家に火をつけてまわるという事態が起きた。既に軍同士や軍と警察間の武力衝突が始まりコントロールの効かなくなった東ティモール治安当局は、暴動を抑えることができなかった。その結果、少なくとも三七人が死亡し、一五万人が国内難民となった。

このいわゆる二〇〇六年危機によって、東ティモールの平和構築への動きは大きな挫折を迎えた。国連加盟国は、この危機に比較的早く対応し、オーストラリアを主体とした多国籍軍が再び作られ、東ティモール政府の要請を受ける形で介入を行って治安を回復する。また国連警察およそ一六〇〇人が派遣され、日常の治安維持に努めると共に、治安を東ティモール人自らが維持できるよう、地元警察の訓練を開始した。

私が調査を行った二〇〇八年一〇月と一一月は、二〇〇六年危機の後遺症から徐々に東ティモールが脱している、ちょうどその最中であった。一五万人に及ぶ国内難民も、その多くが、政府からの支援金を得て自分たちの地域に戻りつつあった。治安も比較的よく、一か月の重大犯罪（殺人や誘拐、レイプなど）の報告件数は、東ティモール全土で平均二件にすぎない状況であった。政府のプログラムを実施する上でも、治安上の問題はなく、膨大な失業と貧困という課題はあるものの、人々の目には治安が回復された安堵感と、将来に対する希望が見て取れた。私も自由に街中を歩き回り、地方にも普通の車で訪問できる有り難さを、日々実感していた。

私は政府機関のトップや、与野党の指導者へのインタビューを行いつつ、五人の東ティモール大学の学生を雇い、訓練を受けてもらった上で、ディリ市内と西のリキサ県での意識調査を行った。今回もまず私が英文の調査内容を用意し、それを現地語のテトン語に訳してもらった。また、東のラウテム県では、日本のNGOである「アフメット」（AFMET＝東ティモール医療友の会）の協力を得て、その地元のスタッフにも手伝ってもらうことができた。その結果、首都を含むディリ県、西のリキサ県、東のラウテム県の三つの地域で、あわせて三一九人の一般市民からアンケートを集めることができた。

難民キャンプのフーガさん夫妻

その最中、私はフーガさんに会った。東ティモールでは治安上の問題が少なく、その分私は、国連に頼らず自分の力で村人と会う必要があり、多くの地元NGOに協力を依頼した。ディリ市内でも多くのNGOが協力してくれたが、その中の一つで、ティモール人への職業訓練や、識字率を上げる活動、そして家庭内での所得の獲得を支援する活動などを行っている地元NGOの事務局長が、フーガさんだった。

このアンケート調査のため多くの市民を集めてくれたフーガさんにもインタビューした際、実はフーガさん自身、二〇〇六年危機の被害者で、家を焼かれ、着のみ着のまま国内難民キャンプに逃れたことを知った。それから二年たった今も難民キャンプに住んでいると聞いた私は、是非、難民キャンプを訪ね、二〇〇六年危機の状況や、その後の生活について伺いたいとお願いした。フーガさんはその場で快諾してくれた。

難民キャンプに着くと、フーガさんがまだ生まれて一年の赤ちゃん、ジェニランシアちゃんを抱いて、夫のジョオアジトさんと共に迎えてくれた。

フーガさんとジョオアジトさんに、改めて取材の趣旨を説明し、実名で話を載せて良いことを確認する。東ティモールでは、実名での紹介を断られたケースは、ほとんどなかった。それは、反政府勢力からの組織的な暴力を心配する必要がないことを示している。

二〇〇六年危機は突然フーガさん夫妻を襲った。その年の五月二七日、身元不明の大勢の群衆が、たいまつをかざしてやってきて、フーガさんとその周辺の家を全て焼き払った。フーガさん夫妻は、わずかな衣類と身分証明書だけを携えて逃げ出した。後に家に戻ってみると、もう何も残っていなかった。

フィロメナ・フーガさんとジェニランシアちゃん(東ティモール，ディリの国内難民キャンプにて)

国内難民キャンプに入り、テント暮らしが始まった。テントはＵＮＨＣＲ(国連難民高等弁務官事務所)が用意してくれた。水は、国際ＮＧＯであるケア・インターナショナルが運んでくれた。そして、クリスチャンのグループが、巡回図書館や巡回クリニックを実施してくれた。そうした支援を受けて、なんとかフーガさんは職場に復帰することができた。

しかし夫のジョオアジトさんは、経済混乱の中で、解雇された。大学も出て高学歴のジョオアジトさんは、その後いくつもの職場で面接を受けたが、いずれも断られた。妻のフーガさんは、「夫が十分資格があるのに断られたのは、夫が東の出身だからです。私は逆に西の出身だったから就職上、差別されることはなかった。このようなことは、許されないことです」と話した。後述するように、東ティモールの今後の平和構築において最大の課題の一つが、この東と西の対立である。だが、その実態はなかなか見えにくい。フーガさんの訴えを聞いて、私は初めて社会の奥底に存在する、この問題の根っこに触れた気がした。

ジョオアジトさんが仕事探しに明け暮れるなか、最初の子供をフーガさんは身ごもった。しかし、昼間は四〇度を超える暑さをしのぐことができず、雨が降ると湿気を防ぐこともできないテント暮らしの中で、流産してしまったと、フーガさんは悲しそうに語った。

そして二〇〇七年一一月、待望の一人目の子供が生まれた。それが私を迎えてくれたジェニランシアちゃんだった。その後、フーガさんは昼間はNGOで働き、夜は、与えられたテントで寝泊まりしながら、食事を作り、難民キャンプでの暮らしに耐え続けた。

二〇〇八年に入ってようやく、夫のジョオアジトさんが就職できた。しかし首都のディリから車で何時間も離れた地域での高校教師の仕事であり、ジョオアジトさんは単身赴任を迫られた。月曜から金曜までは、難民キャンプに妻と子供を残し単身赴任し、土曜と日曜に難民キャンプに戻る生活が始まった。ジョオアジトさんは、「もちろん、家族のことが心配で仕方ありません。とくに難民キャンプでの生活は衛生環境が悪く、子供が病気になってしまうのではと、いつも心配しています」と少し下を向きながら語った。一〇月になって、政府が、以前住んでいた家を、自分たちのものであると認定してくれた。さらに政府が、難民キャンプにいる避難民に対し最高四五万円の支援金を出す政策を決定したため、フーガさんはその申請を行った。私が訪ねたのは、その申請も認められ、ほぼ二年半に及ぶテント生活を終え、フーガさん一家がもといた地域に戻る直前だった。フーガさんは、これから始まる生活の課題について、こう語った。

「確かに、政府は焼かれた私たちの家が、私たちのものであることを認定してくれました。しかしその土地については、認定してくれていません。実際『ここは私たちの土地だ』と他に主張する人たちがいて、彼らとの話し合いがうまくいくかどうか、不安でなりません」

「四五万円の支援金はもらえますが、それでは家を建てるのが精一杯です。家の中の様々な生活用品を買ったりすることは、全て自分たちの給料でしなければなりません。苦しい生活はこれからも続くことを覚悟しています」

「そして何よりも、また同じような暴動が起きないか、その時、家を焼き払われることがないか、それが最大の懸念です」

それでも二人は、将来について悲観していなかった。ジョオアジトさんは、これからの目標について、「私は、自然科学を子供たちに教えることが、この国のためにできる一番の貢献だと考えています。子供たちに専門的な知識を身につけてもらい、東ティモールの将来のために貢献できるような人に育ってもらうこと。それが自分の何よりの役割だと思っています」と話した。フーガさんもまた静かに、しかし力強く語った。

「私のバックグラウンドも教育です。そして今、職業訓練や識字教育などを通じて、人々が仕事を獲得できるよう支援しています。それと同時に、いろいろな問題を話し合いで、民主的に解決するような風土を育むことができたら、と願っています」

「そんな価値観や風土を築くことで、私たちやその子供たちが、平和に生きていけるようにすること。それが私の一番の目標です」

私は長時間の取材に応じてくれた二人に何度もお礼をいって、キャンプを後にした。もうすぐ一歳になるジェニランシアちゃんは、すでにテントの中でぐっすりと眠りについていた。

東ティモールでの平和構築もまた、フーガさん夫妻のように「平和を築きたい」と心から希求する人たちと、それを支援する国際社会が連携することで初めて実現されるのだろう。しかしそれが挫折すれば、また二年前の危機のように、多くの人命が犠牲になり、膨大な国内難民が生まれる事態になってしまう。アフガンに生きる人々と同じように、東ティモールの平和構築もまた、そこに住む人たちの人生を根底から左右するものであった。

このような、まさに生死を賭けた活動である「平和構築」の取り組みは、どんな歴史的背景の中で生まれたのであろうか。次章において、その歴史的な流れと、理論的な分析の枠組みを提示する。第3章以降で、まずアフガンにおける平和構築の現状と、その改善に向けた提言を行う。そして第6章で、東ティモールにおける平和構築の課題と将来への提言を示す。最終章では、アフガンと東ティモールの経験が語る将来への教訓と、日本の平和構築への取り組みについて考えたい。

第2章

平和構築とは何か

― その歩みと考え方 ―

東ティモールの治安維持を担当する国連警察（2008年11月，首都ディリにて）

平和構築の始まり

「平和構築」はいつから本格的に始まったのか。

もちろん、大国の介入による国家づくりの試みはいくつもあった。アメリカによる南ベトナムへの長期介入も、ある意味では、南ベトナム政府の構築に主眼があった。

しかし、冷戦下においては、国連が紛争後に国家再建を担うような活動を行うことは、できなかった。なぜなら、紛争地域での国連の役割を定める「国連安全保障理事会（国連安保理）」は、超大国であったアメリカとソ連の対立により、ある特定の体制の国づくりを一緒に支援することなど、不可能だったからである。

そのため冷戦下における安全保障に関する国連の主な活動は、紛争の調停や、停戦が確立した後の「停戦監視」（伝統的ＰＫＯ）に限らざるを得なかった。これは、アメリカとソ連という両体制の間で、中立的な立場で行う国連活動として、現実的なものであった。しかし、停戦監視という形でできる活動は、おのずから限界があった。

冷戦の終結は、こうした国連活動の限界を取り除いた。国連安保理は、紛争地からの要請に基づき、より積極的な活動を行うことを決議できるようになったのである。

国連安保理はまず、一九八九年に、ナミビアの選挙を国連主体で行うことを決議し、実行した。ラクダール・ブラヒミ国連事務総長特別代表をはじめとする国連職員の尽力もあり、ナミビアでの選挙の実施と新政府の樹立は一応の成功を見る。この経験が、紛争当事者ならびに主な国連加盟国が、国連を主軸とする平和構築に乗り出すきっかけとなった。

その後、国連はカンボジア、ニカラグア、エルサルバドルなど数多くの地域で、紛争後の国家再建に主体的に関与していくことになる(表1参照)。右の三つの国では、様々な不安定要因を抱えつつも、武力紛争そのものはその後再発せず、民主主義としての体制を保ち、平和を維

表1　冷戦後の主な平和構築

ナミビア	1989－90年
ニカラグア	1989－92年
アンゴラ	1991－97年
カンボジア	1991－93年
エルサルバドル	1991－95年
モザンビーク	1992－94年
リベリア	1993－97年
ルワンダ	1993－96年
ハイチ	1993－2000年 2004－現在
ボスニア	1995－現在
クロアチア	1995－98年
グアテマラ	1997年
東ティモール	1999－現在
コソボ	1999－現在
シエラレオネ	1999－現在
コンゴ民主共和国	2000－現在
アフガニスタン	2001－現在
イラク	2003－現在
コートジボアール	2004－現在
スーダン(南北和平)	2005－現在

国連PKO局ウェブサイトなどから

持していることから、国連による平和構築の成功例として、世界で認識されるようになった。

「平和構築」の定義

冷戦のくびきから放たれ、国連が積極的に平和づくりに関与できるようになった事態を受け、当時のブトロス・ガリ国連事務総長は、一九九二年、国連の今後の役割を論じたリポート「平和への課題」を発表した。この「平和への課題」の中で、「平和構築(Post-Conflict Peace-building)」は、「紛争後の地域において統治機構の再建を支援し、紛争の再発を防ぎ、平和を定着化させる活動」と定義され、国連の主要課題の一つとして明確に位置づけられた。

この「平和への課題」というリポートで、他の国連活動との違いも定義された。たとえば、まだ武力紛争が続いている間、その紛争をストップさせ、和平条約(Peace Accord)の調印を促し、その後の国家再建や平和構築につなげるために国連が行う交渉や調停は、「和平調停(もしくは平和創成 = Peace Making)」と定義された。

さらに、和平条約が調印された後、国連安全保障理事会の決議のもと、治安維持のために派遣される国連部隊の活動を「国連平和維持活動(UN Peace-Keeping Operations いわゆるＰＫＯ)」と改めて定義した。また国連によって指揮され、平和維持活動に携わる部隊を、国連平和維持部隊(UN Peace Keepers この本では国連ＰＫＯ部隊と称す)と定義した。

右に定義された「和平調停活動」、「平和維持活動」、「平和構築活動」は、相互に連携している。たとえば和平調停を行う際には、戦闘が終結した後、ＰＫＯ部隊の派遣を国連安保理に要請するのか、その後の国づくりをどう進めるのかなどを話し合い、和平条約の中に盛り込んでいく。つまり、和平調停を行う過程で、その後の平和構築をどう進めるかも、同時に話し合われていくのである。

また国連ＰＫＯ部隊が派遣された場合、国連がＰＫＯ活動を指揮し治安維持を担当するのと平行して、平和構築に向けた様々な支援を始めることになる。

この和平条約調印から、国連ＰＫＯ部隊の派遣、そして平和構築活動と続く一連のプロセスを理解する上で重要なのが、国連ミッション(UN Missions)である。国連ＰＫＯ部隊が派遣され、平和構築活動が始まるにあたり、現地に臨時のオフィスが作られ、現地の国連活動を総合的に指揮していくことになる。その臨時の国連組織は「国連ミッション」と呼ばれる。(ただし、日本のメディアでは、この「ミッション」を「派遣団」と訳すこともある。)

国連ミッションのトップは、国連事務総長によって任命され、「国連事務総長特別代表」として現地の国連活動を統括する。ちなみに日本で最初に国連事務総長特別代表に指名されたのは、一九九二年、国連カンボジア暫定統治機構のトップに任命された明石康氏であった。

世銀のリポートによれば、一九六六―九九年の世界の紛争のおよそ五〇％が、紛争終結から五年以内に、再び悲惨な武力紛争に後戻りしている。平和構築は、頻発する「紛争の再発」を防ぎ、平和を定着させる努力だと位置づけられた。そしてこのリポートの後、国連は様々な「平和構築活動」に関与し、それは次第に国連の主要業務の一つになっていく。

「平和執行」との違い

「平和への課題」では、こうした国連による平和活動と並んで、「平和執行(Peace Enforcement)」という概念も定義された。これは、まだ武力紛争が終わっていない状況で、国連によって承認された軍隊(主に多国籍軍)が強制的に介入し、紛争を終結させようとする武力行使を指す。

この「平和執行」活動と、「平和構築」活動の違いを理解することは、国連が果たす役割や、日本が今後果たすべき役割を考える上で、決定的に重要である。

「平和構築活動」は、国連事務総長特別代表が指揮する「国連ミッション」と「国連PKO部隊」が主役を務めることが多い。つまり指揮権は一元的に国連事務総長とその特別代表が握っている。一方で「平和執行」については、国連安保理がその介入を「承認」するものの、実際の軍事活動は、多国籍軍に委ねられることが圧倒的である。

平和執行の専門家であるキャサリーナ・コールマン教授の研究によれば、冷戦の終了後、国連安保理は二〇〇七年までに一〇の平和執行活動を承認したが、その中で、国連が指揮する部隊が介入を行ったのは、わずかに一九九三年のソマリアへの介入のみである。この介入は、アメリカが一八人のレンジャー部隊が殺害されたことを契機にソマリアからの全面撤退を決定したことで、国連の平和執行部隊全体も撤退を余儀なくされ、もろくも失敗に終わった。それ以外の国連が承認した平和執行活動は、全て多国籍軍によって行われた。（例外は二〇〇二年のシエラレオネへのイギリス軍の介入のみである。）

平和執行を考える上で典型的な例は、一九九九年の東ティモールへの介入であろう。この年、圧倒的な東ティモール人が国民投票で独立を選択した後、インドネシア軍やインドネシア残留を支持する一部の東ティモール人などによって、家屋や建物に対する徹底した破壊が行われた。これを停止するため、オーストラリアを主体とする多国籍軍が組織されたが、この多国籍軍は国連安保理によって、その介入を「承認」された。さらに当時のアナン事務総長が、インドネシア大統領に直接交渉し、多国籍軍を受け入れることについて了解を得たことを受け、多国籍軍は介入に踏み切った。その後、東ティモールの治安が回復し、国連安保理は現地の国連ミッションとなる「国連東ティモール暫定統治機構」の設立を決議した。そしてオーストラリアを主体とする多国籍軍は、この後、国連PKO部隊に新たに転換され、指揮権も国連に移行されたのである。

つまり平和執行は多国籍軍が行い、その後の平和構築活動は、国連PKO部隊と国連ミッションが主体となって行うという一つのパターンが、実際の平和構築の活動の中で生まれてきていることは注目されていい。

もちろん、平和構築活動が全て、平和執行を引き継ぐ形で始まるわけではない。紛争当事者やその関係国による「和平調停」によって戦闘が停止され、平和構築に移行したケースも数多くある。「平和執行」か「和平調停」のどちらかがきっかけとなって戦争が終結し、その後、新たな統治機構の再建、つまり平和構築が始まるというケースが多い。

国連による平和構築と試練

しかし手探りで始まった国連による平和構築は、すぐに深刻な挫折を迎える。国連が主導し一九九二年に行われたアンゴラでの総選挙は、選挙直後に内戦が勃発、わずか二年で三〇万人が命を失うという大惨事となった。この失敗の原因は、国連加盟国が必要な人員をアンゴラに派遣することをためらい十分な治安組織がなかったこと。さらに、紛争当時者の武装解除が全く進んでいないにもかかわらず、やみくもに選挙に突入したことにあると論じられている。

また一九九五年、おなじアフリカにおけるルワンダの平和構築が失敗に終わり、フツ族によるツチ族に対する組織的な虐殺が行われたが、国際社会はその虐殺行為を止めることができなかった。当時ルワンダには、一九九三年に締結されたアルーシャ合意を履行するため、およそ二五〇〇人の国連平和維持部隊と、一九九五年に予定されていた選挙を支援するための国連スタッフが駐留していた。現地の国連ＰＫＯ部隊の司令官は、虐殺に先立ち、数回にわたってニューヨークの国連本部に警告を発し、虐殺を防止するため部隊の増派を依頼したが、国連加盟国は、現地からの要請を拒否した。逆に治安の悪化が進む中、アメリカをはじめとする国連加盟国はＰＫＯ部隊の大幅な縮小を決断した。その結果、虐殺が始まっても現地の国連部隊にそれを食い止める力はなく、八〇万人ともいわれる命が失われたのである。

同じ年の一九九五年、旧ユーゴスラビアでは、国連安保理が指定したいわゆる「安全地域」の一つスレブレニツァで、セルビア人勢力によるボスニア人に対する虐殺が行われた。その背景には、国際社会による旧ユーゴ避難民の受け入れが進まない中、ボスニア内に中途半端な「安全地域」を国連安保理が指定し、既に現地に派遣されていた国連保護軍（ＵＮＰＲＯＦＯＲ）に、安全地域の治安を維持する新たな任務を課したことがある。

旧ユーゴ国連保護軍は、もともとボスニアの首都サラエボの治安維持と、国連人道支援スタッフの保護が任務（Mandate）だったが、戦況の悪化に伴い、国連安保理事国が順次、その任務を拡大した。しかし、任務の拡大に伴う必要な国連保護軍の増強は行われなかった。結果的に、できないはずの任務を国連部隊に押しつけた形になった。その後「安全地域」に指定されたスレブレニツァに避難民が押し寄せたが、部隊は極めて弱小部隊であり、セルビア部隊による虐殺が開始された時、それを防ぐ力はなかったのである。

このスレブレニツァの虐殺は、いわゆる「平和構築活動」における失敗ではなかったが、ルワンダでの失敗と重なることで、平和維持活動、和平調停、平和構築など国連が行う活動全般に対する批判が高まった。実際には「国連の失敗」は、国連安保理事国のメンバーをはじめ、国連加盟国の政策判断の誤りによるものが大きいとしても、それは「国連による平和活動」全体への批判につながっていった。

飛躍的に増加する活動

このような「国連の失敗」を受け、一九九五年以降、国連PKO部隊として派遣されるスタッフの数が一時的に減少したが、二〇世紀末から二一世紀初頭にかけ、再び飛躍的な増加を遂げることになる(図1参照)。そしてPKO部隊の展開にあわせ、平和構築活動を任務とする国連ミッションが世界各地で次々と設置された。

アフリカでは、一九九九年以降シエラレオネ、コンゴ民主共和国、リベリア、コートジボアール、ブルンジ、中央アフリカ、スーダンなどで相次いで国連PKOが派遣され、同時に平和構築に向けた取り組みが始まった。たとえばスーダンでは、二〇〇五年から、南北の内戦を終結させ、二〇一一年に南部独立の是非を決める国民投票を行うという、一連の平和プロセスを支援するために一万人規模の大規模なＰＫＯが派遣され、事務総長特別代表をトップとする国連ミッションが創設された。アジアでは、一九九九年から東ティモールにおける新たな国家建設に向け、やはり一万人規模の国連ＰＫＯが展開され、中米のハイチでも治安維持のための国連ミッションが活動を開始した。

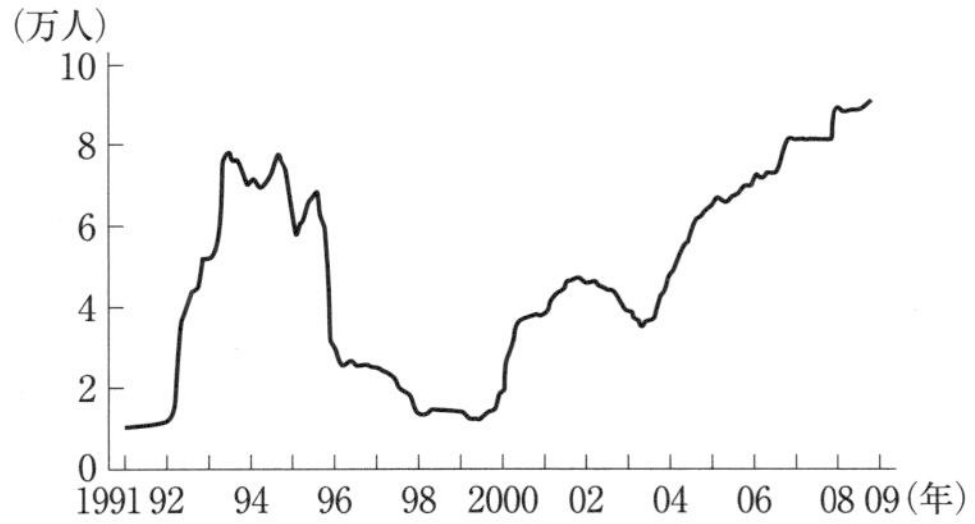

図１　国連 PKO 活動に従事するスタッフ(軍人，警察，軍事監視団)の数の推移
資料：国連 PKO 局

　その結果、二〇〇八年一〇月現在、世界一六の国に対してＰＫＯ部隊が展開され、国連ＰＫＯのユニフォームを着て治安維持に従事する国際スタッフの数は、全世界で約九万人に上る。その内訳は、約七万五〇〇〇人の軍人、約一万二〇〇〇人の国連警察、そして約二五〇〇人の軍事監視団である。さらに、選挙の実施や憲法の作成、地元警察や国軍の設置、地方と中央の政府づくりの支援など、民生支援に関わるスタッフを加えると、現地で平和構築に直接携わる国連職員の総数は、一一万人に達している。これは、冷戦終結直前の一九八八年に、国連ＰＫＯ活動に携わって

いたスタッフの総数が一万人強だったことを考えると、目を見張るような急激な増加である。

こうした平和構築活動を伴う国連PKO部隊の総費用は、二〇〇八年七月から二〇〇九年六月までの一年間で、およそ七〇億ドル(約七〇〇〇億円)であり、これは、国連の本予算に匹敵する規模である。一九八八年と比較すると、実に三〇倍近くPKO予算は増額されている。そして日本はこれまで、その一五~二〇%の予算を負担してきた。

このPKO予算と人員の急激な増加は、一部のメディアで見られる「国連無用論」と、実態がかけ離れていることを示している。紛争当事者の間に割って入り、紛争の拡大を食い止め、新たな統治機構を建設することで平和を築こうとする時、誰かがその役割を担わなければならない。その役割が多くの場合、国連に委ねられていること、そしてその数は冷戦後、大幅に増加していることを右の数字は示している。

平和構築の典型的なケース

それでは、国連が平和構築活動を行う場合、どのような業務を実際に行うのであろうか。

実は、国連が平和構築に関与する場合、その目的や任務は全て個別の国連ミッションごとに、国連安全保障理事会が決議する。安保理決議によって定められた任務を遂行すべく、派遣される国連スタッフは自らの業務に携わる。その意味では、平和構築における国連の任務は、ケー

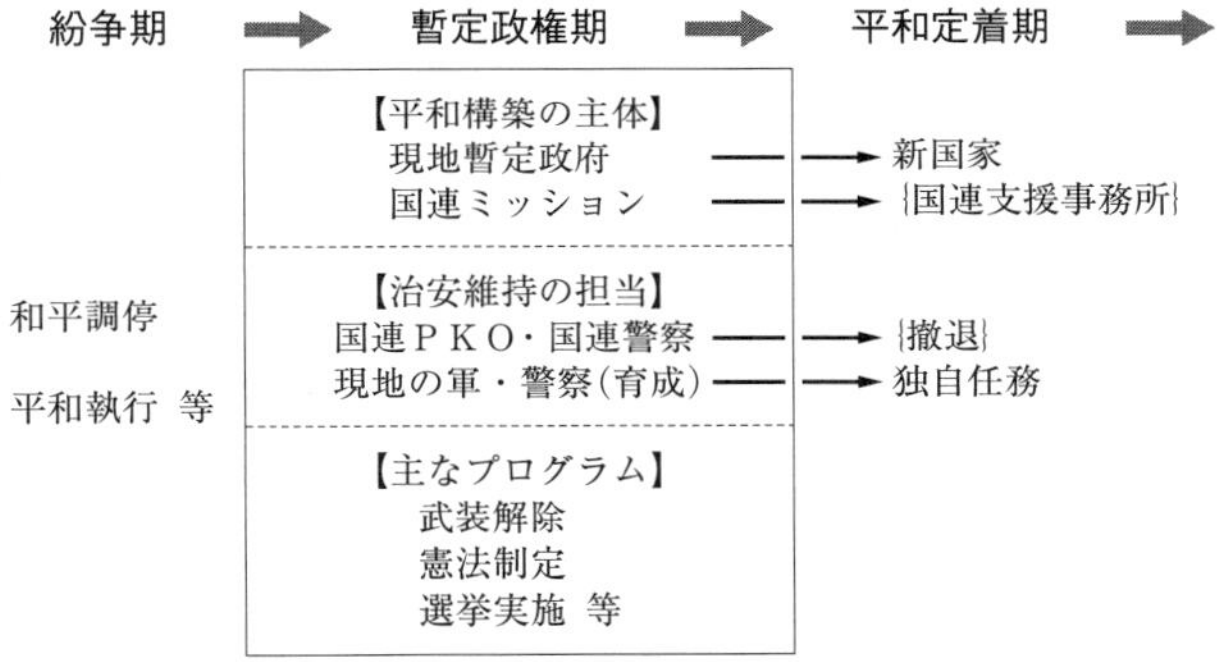

図**2**　典型的な平和構築

スごとに全て異なっている。

ここではその主な活動を知るために、典型的なケースを見てみたい。図2は、平和構築の代表的なプロセスを示したものである。

ここに示されるように、和平調停が国連や他の仲介国などによってなされ、和平合意が紛争当事者によって締結された場合、この和平合意の中で、国連ＰＫＯ部隊の派遣や、平和構築に向けた支援を、国連に対し要請する。多くの場合、この要請を受けて国連事務総長が、国連ＰＫＯ部隊の派遣や新たな国連ミッションの設置を加盟国に呼びかける。

この要請に基づき、国連安保理は国連ＰＫＯ部隊を実際に派遣し、国連ミッションを設置するかどうかを話し合う。派遣が決議された場合、加盟国に対して国連ＰＫＯ部隊への兵員の提供が要請される。国連は常設のＰＫＯ部隊をもたないため、安保理がＰＫＯ部隊の派遣を決議した段階で各国によびかけ、人員を募る。

さらに国連ミッションに従事する様々な文民スタッフを個別に募集する。文民スタッフの業務は、それぞれのケースで異なるが、選挙支援、憲法作成支援、紛争勢力の武装解除とその兵員の社会復帰、警察や軍など新たな治安部門の構築、中央政府や地方政府の再生や整備の支援、各国からの経済社会支援の調整など、その内容は極めて多岐にわたる。こうして事務総長特別代表をトップとする国連ミッションが設立され、現地政府の主体と共に、平和を定着させるための新たな国家づくりを始めることになる。

このプロセスで特に重要なのが、だれが現地政府の主体となるか、という問題である。平和構築を行う国の多くで、政府が機能不全になっていたり、異なる勢力間で争いが絶えないため、どの勢力が現地政府を構成すべきか、決められない状況だからである。

そのため多くの場合、国連ミッションが設立される前後に、現地に「暫定政府（Interim Government）」がつくられる。この暫定政府は、選挙によって正式な現地政権が選ばれるまでの仮の政府ということになる。この暫定政府をどうつくるかは、極めて難しい問題で、国連をはじめとする和平仲介者が最も苦心する点である。

ちなみにカンボジアにおいては、争ってきた国内四派が参加したカンボジア最高国民評議会（SNC）が、一九九三年五月に総選挙が開かれるまでの、暫定的な「主権の源泉」であった。

国連カンボジア暫定機構が、この最高国民評議会と協力する形で、総選挙が行われたのである。（途中から、ポルポト派は和平プロセスから離脱。）東ティモールの場合、インドネシアの占領統治からの独立を決めた直後に国連が介入し、現地政府は存在しなかった。そのため国連ミッションが主導して現地の代表を選び、国連と協議する評議会をつくり、その評議会が選挙を行うまでの暫定的な現地代表機関となった。

このように国連ミッションが暫定政府と協力して、和平合意や国連決議に基づき、平和構築のためのプロセスを進めることになる。そして、何年後かに新たな政権ができ、政府が機能し始め、治安が保てるようになるまで、国連ＰＫＯ部隊や国連警察が治安の維持を担当する。

この間、政治プロセスとして多くの平和構築で行われるのが、

①　紛争の軍事的な要因を取り除くため、紛争当事者（政府と反政府軍双方の場合もある）の武装解除、動員解除、元兵士の社会復帰（よくＤＤＲ＝Disarmament, Demobilization, Reintegration と呼ばれる）の支援

②　必要に応じて、新たな憲法の制定

③　新たな政権を平和的に樹立するための民主的な選挙の実施

などである。これに加えて、大量の難民の帰還、国内の軍隊や警察など治安部門の整備、裁判所をはじめとする司法の整備、民生向上のための経済的・社会的支援など、状況に応じて数多

くの活動を、国連が現地の暫定政府と協力して進めて行く。

以上のようなプログラムをどういう順番で、どのように進めていくかは、全てのミッションごとに異なる。たとえば、リベリアでは憲法を新たにつくることは行われず、選挙の実施と、武装解除が主な課題となった。コンゴ民主共和国における平和構築では、二〇〇二年に結ばれた和平合意をきっかけに、PKO部隊を含めた大規模な国連ミッションが設置され、国民投票、新たな憲法作成、武装解除等が、困難を経ながら実施され、二〇〇六年の国政選挙と大統領選挙の実施につながっている。

こうした平和構築活動がある程度軌道に乗り、治安の維持が現地政府によって可能だと国連安保理が判断した場合、国連PKO部隊は撤収する。多くの場合、規模を小さくした国連事務所にその後の支援が引き継がれる。

しかし、このタイミングの見極めは難しい。先にあげたコンゴ民主共和国の治安は不安定なままであり、国連ミッションも国連PKO部隊も駐留を継続し、治安改善のための取り組みが続いている(二〇〇九年四月現在)。一方、ブルンジやシエラレオネでは、国連PKO活動と平和構築活動は一定の成功を収め、PKO部隊は撤収し、その後、より小さい国連ミッションが、二〇〇六年に新たに作られた国連平和構築委員会からの支援を受けながら、現地政府や他の資金提供国と協力し、平和の一層の定着化に向けた努力を続けている。

全てのケースで細かい任務は異なるため、一般化することは誤解を招く危険があるが、あえて類型化すれば、国連による平和構築活動は、右のような形で進められてきた。

成果と課題

こうした国連活動は、失敗したケースのみが頻繁に報道される状況とは対照的に、それなりに成果をあげてきた。アメリカのシンクタンク・RAND研究所は、二〇〇五年、こうした国連による「平和構築活動」が、紛争の再発を防ぐという意味で成功する確立は、およそ三分の二だと発表し、アメリカなど国家が単独で行うよりはるかに成功率は高いとしている。

またカナダのLiu研究所は、「人間の安全保障リポート 二〇〇五年度版」で、二一世紀に入り、世界の内戦の数やその死傷者が急激に減少しているが、その最大の要因は、国連による和平調停、PKO活動、そして平和構築活動など、国連が平和の実現に積極的に関わり、その活動が急激に増加したことにあると主張している。

もちろん国連による平和構築活動も、多くの試練に直面しており、決してその行く先は楽観できない。たとえばスーダンにおいては、南北の和平合意に基づく平和維持はそれなりに安定した状態を保っているが、北部のダルフールで新たに起こった紛争と、それによって生まれた数百万人とも言われる国内難民の帰還は、未だに解決の道筋が見えていない。

ダルフール問題に対するアナン事務総長のねばり強い働きかけと努力もあり、次第に国際社会もダルフールへの関心を強め、二〇〇七年には、二万人近い国連PKO部隊の受け入れをスーダン政府が認めるところまでこぎつけた。しかし、ダルフール問題を解決するための和平合意に、大量の難民が生まれるきっかけとなった武装勢力が加わっていないこともあり、解決への道は混沌としている。コンゴ民主共和国でも小規模な戦闘が繰り返され、ハイチも小康状態を見せているものの、いつ紛争が再発するか分からない不安定な状況が続いている。

だが一方で、国連による平和構築活動に対する要請が、冷戦の終結後、飛躍的に増加していること、そしてその活動が様々な紆余曲折を経ながらも一定の成果をあげていることは、客観的に認識されてよいと思う。大事なのは、どうすれば平和構築活動の成功率をさらに高めていけるのか、そして、国連やその他の支援国(ドナー国)、また他の国際機関や現地政府がどのような活動をすることがより効果的なのか、その方法を地道に探り続けることであろう。

ブッシュ政権とネオコン

しかし、この「国連を中心とした平和構築」を根底から覆し、自らの手で国家建設を行うという明確な目標を持って臨んだのが、「ネオコン」と呼ばれる新保守主義者が主導するアメリカのブッシュ政権であった。ネオコンの中心的な主張の一つが、国連の全面的否定であり、アフガンにおいてもイラクにおいても、ネオコンの主張は、「国連に政治的、軍事的な役割を与えず、アメリカが自らの手で国家建設に乗り出さなければならない」というものであった。

その影響もあって、アフガンにおいては、国連の役割が、選挙の実施や新憲法の作成を支援するなど、いわゆる「政治的な支援」に限られ、治安の維持については、アメリカを含めたNATO(北大西洋条約機構)が指揮するいわゆるISAF(国際治安支援部隊)が担うことになった。その一方、アメリカは「不朽の自由作戦」と呼ばれるタリバン・アルカイダ掃討作戦を、自らの手で続けることになる。国連からもISAFからも現地政府からも独立し、アメリカ軍が掃討作戦を繰り広げていることは、アフガンでの平和構築に大きな影響を与えている。

さらにブッシュ政権が国連の政治的役割を否定し、自らの手で国家再建の全ての過程を握る野心をもって臨んだのが、イラクにおける国家再建だった。二〇〇三年三月、国連安保理でイラク侵攻の明確な承認を得ることができなかったブッシュ政権は、「有志連合」という新たな枠組みで、イラクへの攻撃を行った。その二か月後、ブッシュ政権はイラク戦争の終結を宣言し、占領統治を始める。その後約一年にわたり、ブッシュ政権は、自らの手によるイラク再建を目指した。

しかしその野心的な試みは、大きな挫折を迎えた。イラク戦争そのものの大義について、国連加盟国が疑問を持ち、その開戦について明確な承認がない中で戦争を始めたアメリカは、まず国際的な正統性（レジティマシー）の欠落に苦悩する。戦争に反対した多くの国が、イラク復興への兵力の派遣を拒否した（ドイツ、フランス、カナダなど）。さらに、イラク国内でも治安状況や電力、水道、医療などの基本サービスが占領統治下で次々と悪化し、アメリカの占領政策に対する根本的な疑念が広がり、占領当局への反発が広がった。

さらにアメリカが、イラク現地の国連ミッションの代表、セルジオ・デメロ氏の反対を押し切って敢行した「イラク国軍の解体」は、大量の軍人の職を失わせ、反乱軍への参加を引き起こすことになった。加えて「新政権からのバース党員の排除」は、旧政権の中で主要な位置を占めていたスンニ派を孤立させると同時に、政府機能を大幅に低下させ、基本的サービスのさらなる低下を招いた。

このアメリカの占領統治について、スタンフォード大学の政治学科の教授でありイラク占領統治機構の政治顧問も務めたラリー・ダイアモンド氏は「明らかな政策の失敗の連続により、アメリカの占領は大きな泥沼に陥った」と評した。そして、「国連という、より幅広くイラク人に受け入れられる組織を無視し、自らの手で国家再建を行おうとした結果、アメリカは、イラク人から大きな疑心の目で見られ、その正統性は大きく落ち込んだ」と断定した。

再び国連に頼ったブッシュ政権

二〇〇三年八月には、バグダッド国連事務所が自爆攻撃によって爆破され、デメロ国連特別代表を含む二二人の国連職員が命を奪われた。国連のアナン事務総長はこれを契機に、イラクからの全面的撤退を決意した。

アメリカのイラク占領はその後さらに行き詰まり、アメリカがつくったイラク新政府を選ぶ選挙案は、イラク各勢力にこぞって拒否された。結局この事態を打開するために、アメリカは、それまでの国連無視の政策を転換し、国連に再度介入を要請することになる。二〇〇四年一月、アメリカはアナン事務総長とブラヒミ事務総長特別顧問に、イラクでの選挙について国連に主導して欲しいと正式に要請した。国連の政治的な役割を無視し、自らの手で国家再建を行おうとしたブッシュ政権が、それを断念した瞬間だった。

その後、ブラヒミ特別顧問が国連調査団を率いてイラクに入り、新たな暫定政権の樹立や、選挙の実施のタイミングなど、平和構築に向けた新たな道筋(タイムテーブル)を提言し、アメリカはそれを受け入れた。

またブラヒミ国連特別顧問は、イラク暫定政権の樹立にも中心的な役割を果たした。その後二回にわたった国政選挙も、国連が支援と監視を行う形で実施され、正式なイラク政府がようやく発足した(二〇〇五年一二月)。ブッシュ政権が、国連の政治的役割を一切排除しようとしたにもかかわらず、結局、国連に介入を依頼して初めて暫定政権の形成や選挙の実施ができたということは歴史的事実として残った。しかし、イラクにおける新国家は、反乱軍による攻撃に見舞われ、長く不安定な状況が続いている。

「レジティマシー」をめぐる問いかけ

唯一の超大国アメリカが、一三万人という他の国連による平和構築活動に比べ比較にならない軍事力を駐留させたにもかかわらず、イラクにおいて大きな挫折を経験したことは、世界の研究者と政策担当者の間で、平和構築に関する大きな関心を巻き起こした。その問いの核心は、「一体誰が、どういう形で平和構築を行えば、武装抵抗が無くなり、平和が永続的なものになるのか」ということである。

この問いに答える上で、現在注目されているのが、「レジティマシー(Legitimacy)」という概念である。

このレジティマシーという言葉は、日本語では「正統性」と訳されている。しかし日本語の正統性が、「法的に正しい」というニュアンスが強いのに対して、英語のレジティマシーは、人々が社会のルールを、強制ではなく、自主的に受け入れ、従うように誘因する心理的な力であると定義されることが多い。たとえばイアン・ハード教授は、「レジティマシーとは、ルールや組織(政府を含む)に従うべきだという、心理的確信である」と定義している。また、トーマス・フランク教授は、「レジティマシーとは、人々にルールや、そのルールを作り出す組織に従うことを動機づける内的な力である。レジティマシーがあると感じるとき、人々は強制ではなく、自主的にそうしたルールに従う」とレジティマシーを説明している。

ハード教授によれば、人々が法律やルールに従う(法令順守＝コンプライアンスする)場合、主に三つの動機が考えられる。一つは、「強制力」。つまり、警察や軍など強制力によって脅され、処罰される可能性があるため、法律やルールそのものは納得していなくても、嫌々従うという場合である。二つめは、「個人的な利益の計算」を動機としており、法律やルールを守ることによって得る利益と破ることによって得る利益を計算して、守った方が利益が大きいと思った時にルールに従うという場合である。

これまで国際関係論では、右の二つの動機だけが強調されてきたが、ハード教授は、ルールに従うもう一つの大事な動機があると主張する。それが「レジティマシー」である。人々は、ルールや制度、そして政府などが「レジティメイト、つまり正統である」と考えた時、強制されてではなく、また個人的な利益をわざわざ計算するまでもなく、自主的にそのルールや制度を受け入れ、それに従うという見解である。

分かりやすい例を見るために、選挙の結果を受け入れ、それに従うかどうか、という行動について考えてみる。日本やカナダ、インドなど、ある程度、議会制民主主義が成熟した国家では、たとえ選挙で一方の政党が敗北したとしても、その敗北した側の政党が選挙の結果を拒否し、軍事的に国会や政府を占拠し、非民主的な方法で政府を樹立することには普通ならない。

それは政府の強制力を恐れてとか、クーデターを起こした場合の損得を計算した上で選挙の結果を受け入れているというよりも、すでに選挙のプロセスやルールそのものが「正統なもの」(レジティメイトなもの)と認知され、「たとえ選挙で負けたことを悔しく思っても、その場合、野党になるのが当然だ」という規範が、政党の側にも国民の側にも根付いているからである。実際、カナダでは自由党と保守党の間で政権交代が頻繁にあるが、そのたびに政党の当事者が軍事的クーデターを行った場合の損得勘定を計算した上で、選挙の結果を受け入れるかどうかを決めているとは思えない。すでに民主主義のルールとして、選挙による政権の樹立ということが「唯一のルール」として定着しているからである。

一方で、専制政治から民主主義に移行したばかりの国家や、本書でのテーマである紛争後に新たに民主主義国家を建設しようとする国家においては、選挙の結果を政党が受け入れることは、決して当たり前のことではない。実際に選挙が終わり新政権が樹立された後、その政権を受け入れることができないとして、軍事的な攻撃をしかけ、別の方法で政権を奪取しようとすることは、頻繁に見られることである。

平和構築が、「紛争後の地域において、統治機構を新たにつくることによって平和を定着させる」活動だとすれば、最終的な目標は、この現地の人々の目からみて「正統な」統治機構、いわゆる「正統な政府」をつくることだと私は考える。そのことで初めて、人々は、新国家が作る新たな憲法を受け入れたり、選挙の結果を自主的に受け入れることになる。また紛争当事者は、軍備解体に応じたり、軍事力を使った政権転覆の試みを放棄したりする。

現在、平和構築においてこのレジティマシー(正統性)の確立が重要であることについては、平和構築に携わる国連幹部の間でも、政治学者や政策担当者の間でも広く合意ができつつある。たとえば前述のダイアモンド教授は、「アメリカのイラク再建の試みが示した最大の教訓は、『正統性の確立』こそが、国家再建の取り組みにおいて決定的に重要であるという事実だ」と明言している。

もちろん一定の治安機構は、全ての国で警察が必要であるように不可欠である。だからこそ、国連による平和構築においても、国連ＰＫＯ活動や国連警察が暫定的に派遣される。しかし、「軍事力による強制力」だけでは、国家の統治は非常に困難である。なぜなら、多数の人々が、新たな政府やそのルールを「正統なもの」と認識し、自主的に従うようにならなければ、いくら軍隊や警察があっても足りないからである。

正統性はどう構築されるのか

しかし、「果たしてどうすれば、紛争後の平和構築において、『正統性を持った新たな統治機構＝政府』をつくることができるのか」という核心の問いについて、これまで包括的かつ横断的な調査は、国連においても研究者の間でも、なされてこなかった。

この平和構築の核ともいえる問いかけについて調査したいと私は考え、二〇〇六年、この年新たに作られた「国連平和構築委員会」を担当するマカスキー国連事務次長補に企画書を見せた。マカスキー氏は調査を応援することを快諾し、「平和構築の成功を左右する上で、おそらく最も重要な課題に取り組む本調査を応援して欲しい」という手紙を書き、平和構築に携わる国連幹部をこぞって私に紹介してくれた。また日本の大島賢三、高須幸雄両大使の推薦状も得ることができ、国連本部でアフガン、東ティモール、スーダン、コソボ、コンゴ民主共和国、シエラレオネなど様々な紛争地で平和構築に携わってきた国連幹部およそ五〇人にインタビューを行った。さらに平和構築やＰＫＯを研究する多くの研究者からも助言を得た。

そうしたインタビューやレジティマシーをめぐる学説を参考に、「平和構築のプロセスにおいて、どのように正統性は確立されたり、崩壊したりするのか」について仮説を立てた。それが図3である。

まず主に五つの要因が、紛争地における正統性を持った新政府の樹立に大きな影響を与える

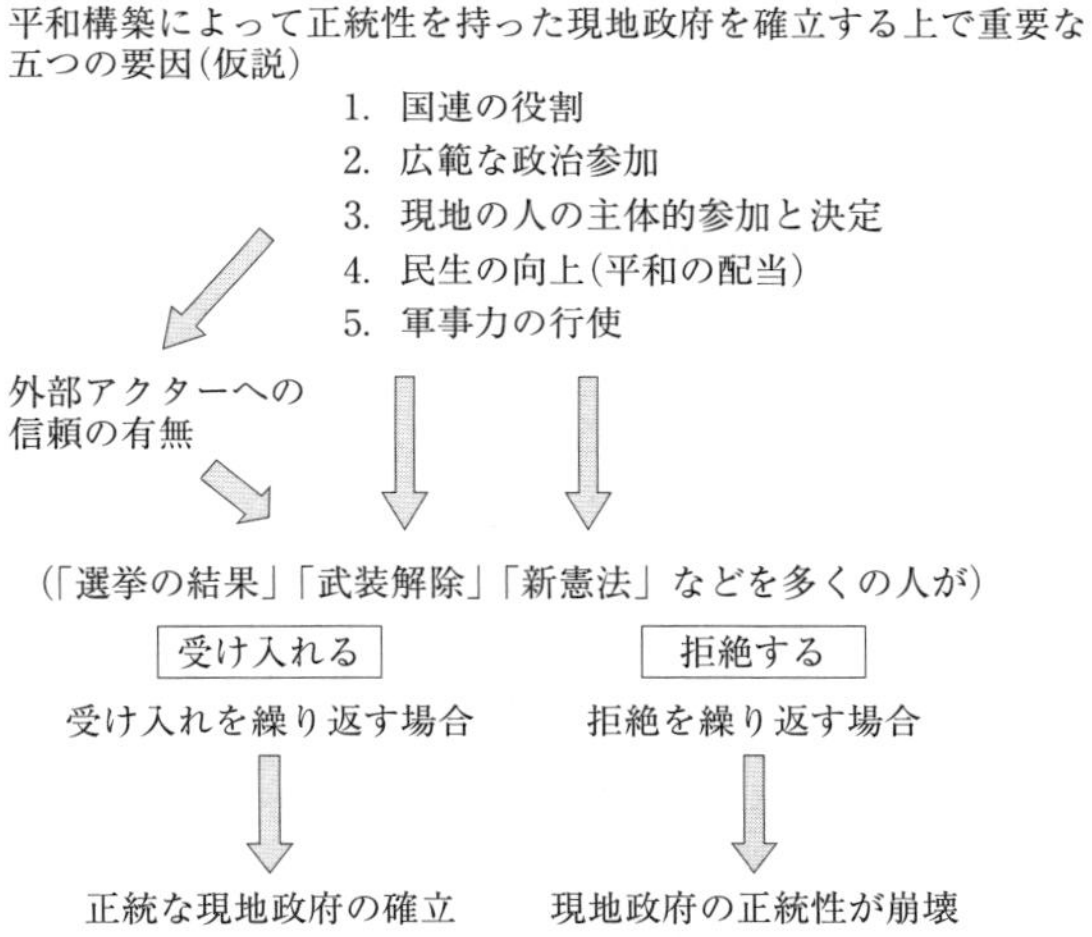

図3　平和構築における正統性樹立のプロセス(仮説)

と仮説した。その五つの要因は、

① 国連の役割

② どれだけ広範な勢力が政治過程に参加しているか(Inclusiveness = これはいわゆる反政府勢力との和解の問題と直結する)

③ 現地の人々による主体的な参加と決定。その程度(Local Ownership)

④ 民生の向上(平和の配当)。実際には人々の経済的・社会的状況の改善

⑤ 軍事力行使の主体や方法

である。

この五つの要因は、レジティマシーをめぐる学説とも合致していると私は考えている。現在の学説では、レジティマシーを形成する要因として、(イ)政治決定のプロセ

スの透明性や、そのプロセスへの参画(Input Legitimacy)(ロ)政治決定に伴い、どの程度利益を得ることができるか(Output Legitimacy)の二つが重要であると主張されているからである。右に挙げた②と③は、平和構築の政治決定のプロセスにどれだけ参画でき、どこまで決定に関与できるかであり、④はその結果、人々の生活が改善したり向上したりするか否か、である。

一方で、①の国連の役割は、平和構築における固有の問題である。これまで見てきたように、アフリカの多くのケースや東ティモールなどの現場で、国連ミッションが国連PKO部隊の指揮権を持ち、軍事と政治の双方を統括する形で平和構築が行われてきた。他方、アフガンやイラクでは、国連の役割は限定的なものであった。そして国連の役割は、⑤の軍事力の行使とも密接に結びついている。

この五つの要因について、どんな政策をとれば、主要な政治勢力や市民が(A)新たな憲法の制定、(B)選挙の実施やその結果、(C)紛争当事者の武装解除や軍備解体、等の(平和構築を行う上で主軸となる)政治的プログラムを受け入れたり、従ったりするのか。逆に、どんな政策をとった場合、そうした政治的プログラムを拒絶し、暴力的な攻撃を始めたりするのか。こうした問いについて、実際の平和構築の現場で詳細な現地調査を行うことにした。(この場合、政策を実施する主体は、国連やアメリカ占領当局など「外部アクター」と、現地政府など「国内アクター」の両方になる。)

外部アクターの信頼性

しかしこの五つの要因が、新たなルールの受け入れや拒絶にどう結びつくかを分析する上で、もう一つ見落としてはならない点がある。それは、現地の政治勢力から見て公正な第三者と見なされる外部アクター(外部主体)が、存在するかどうかである。

なぜなら紛争直後の地域では、それまであった政府の正統性はすでに消滅している場合が多いからである。互いに戦闘してきた紛争当事者は、相手が果たして和平合意で約束した通りの行動を取るかどうか、どうしても疑心暗鬼になる。

たとえば、紛争当事者の武装解除を考えてみる。このプロセスにおいて、信頼できる第三者の仲介や監視がないと、なかなか紛争当事者の協力は得られない。武装解除した途端、政府軍に拉致されて、監獄に入れられると思ったら、最後までその部族や軍閥は戦うであろう。

選挙についていえば、信頼できる第三者が選挙を支援したり監視したりすることで、選挙そのものの公正さが担保され、次回の選挙も信頼できるとすれば、現地の政治勢力(政党)は、今回の選挙でたとえ負けても、まあ次の選挙まで野党で頑張ろう、となる可能性が高い。一方、選挙で負けて野党になった途端、政治犯として逮捕され監獄に収容されると思ったら、選挙結果を受け入れることは難しいであろう。信頼できる第三者の仲介や監視は、選挙の公正さを担保すると同時に、選挙後の政治的自由を担保する上でも重要なのである。

ここに、紛争後の平和構築において、外部アクターの介入が要請される主要な理由がある。つまり、外部アクターに「それぞれの紛争当事者に対して、公正な主体として」相互信頼の醸成を担ってもらうのである。

外部アクターの介入が要請される二番目の理由は、紛争当事国の多くが、選挙を実施したり、憲法を策定したり、治安機構の整備や官僚制度の再生などを実施するための十分な経済力がないことである。紛争で国家機能や官僚機能が破壊された地域では、外部アクターの支援があってはじめて、平和構築のために必要な政治プログラムの実施が可能になる場合が多い。

まとめれば、紛争で破壊された国に欠けている「相互信頼」を付与し、さらに「資金や技術」を提供するために、外部アクターの存在が、多くの平和構築において、不可欠のものとなる。

しかしこの外部アクターが、紛争地域の人々から、「公正な信頼できる第三者」として見られることは、決して簡単ではない。むしろ大きな困難に直面することが多い。なぜなら、外部アクターが「国家再建への介入」を行うことは、一つ間違えれば「新たな植民地支配」だと、現地の人たちから見られる危険性があるからである。

実際、平和構築のプロセスにおいて外部アクターは、その国の憲法作成、選挙の実施、治安セクターの整備など、国家の根幹に関わる政治プロセスに深く関わることになる。ここで「ある政治勢力に対してえこひいきをして、自国の利益のために得になる新たな政権をつくろうとしている」と現地の人に疑われれば、外部アクターの果たせる役割は極端に小さくなり、場合によっては現地の反発を招き、平和構築が阻害される要因となる。つまり、外部アクターもまた、公正な第三者としての信頼性が、深く問われるのである。

国連に固有のレジティマシー？

ではどんな外部アクターが、この信頼できる第三者としてふさわしいのか。そして、この外部アクターがどんな政策・行動をとれば、現地の人たちから、より高い信頼を獲得できるのか。

この点についてアナン元国連事務総長は、イラクの選挙に国連が介入するにあたり「国連固有のレジティマシー（正統性）」の重要性を強調した。国際社会、特に国連安保理からその活動を承認されているという意味で「固有のレジティマシー」を持つ国連が介入することで、選挙の過程や結果は、現地の人から見ても、より公正なものとして受け入れられるはずだ、という主張である。

しかしこの、国連スタッフや一部の学者が主張する、国連が持つ「固有の正統性」が、本当に、現地の人々の目からみても、信頼を得る上で大きな意義を持っているのかどうかは、長く意見が分かれている。私は「国連が持つ固有の正統性」が、実際に平和構築の現場において、アメリカなど他の単独国家に比べ比較優位を持っているかどうかを、現地調査することで、この問いについての一定の答えを出したいと考えた。

長い道のりが必要

一方、どんな主体が外部アクターになるにせよ、新たな政府が正統性を確立するには、長い道のりが必要である。現地の政治勢力や大多数の市民が、複数回にわたって、選挙の結果や、軍備解体のプログラム、そして憲法の内容やそのルールなどを受け入れ、それに従うことを繰り返すことによって、ようやく政府の正統性が確立していく。実際には、紛争当事者であった軍閥や部族が政党化し、これまで武力で戦ってきた関係が、民主的なルールにそって問題を調停、解決していくようになる。このように、武力に頼ってきた軍事勢力が、民主的なルールで競い合う政党として、そのアイデンティティを転換させていくことを、政治学で「社会化(Socialization)」と呼ぶ。

こうしたプロセスを経てはじめて、政府やそのルールが「正統なもの」として人々に広く認識されるようになる。この「政府が作ったルールを人々が繰り返し順守することで、それが次第に社会に根付き、政府の正統性が確立されていく」ことは、民主化の過程を研究する政治学者の間では、広く認められている。

このように、正統性を獲得する過程は決して短いプロセスではない。何度も何度も人々がルールを受け入れ、それに従う行為を繰り返すことで、次第にそうしたルールに従うことが当然のことになり、その国の政府やそのルールが「正統性」を確立していくと考えられる。

逆に、憲法や選挙、軍備解体など、平和構築を進める上で主軸となる新たな制度やルールに、現地の政治勢力が拒否を続け、政府に対する武力攻撃を繰り返し、一般市民も新たな政府を支持せず、政府の実行支配地域が減り、その統治が及ばなくなっていった時、「正統性をそなえた新政府の樹立に失敗した」ことになり、再び内戦や紛争状態に戻ってしまう。

現地調査の目的

私は、アフガンや東ティモールでの現地調査において、右のような「正統性の確保に失敗し、平和構築のプロセスが崩壊していく」事態を回避するためには、どうすればよいのか、具体的に分析しようとした。実際には、先に挙げた正統性の確立を目指す上で重要だと仮定した五つの要因について、それぞれの国でどんな政策が実施され、それがルールの順守や拒否にどんな影響を与えてきたのか、そしてどんな政策をとることがより効果的だと考えられるのか、それぞれ提言することを調査の目的に据えた。

しかし、どんな政策が「正統性をそなえた政権」を樹立する上で有効なのかは、個々の紛争現場ごとに違い、統一的な理論を確立することは難しいかも知れない。平和構築の現場がそれぞれ、歴史的な背景も紛争の要因も異なっている以上、とるべき政策も異なるかも知れないからである。

一部の研究者からは、このような「一般的理論」を生み出さないかも知れない調査に、意味があるのかという反論もあるかも知れない。だが、私はそうは思わない。なぜなら、政治学や社会学の多くの研究テーマがそうであるように、それぞれのケースの固有性を認識した上で、それでも一つひとつのケースの失敗と成功、その原因と理由を詳細に分析し、その歴史的経験から将来に向けた教訓を学んでいくしかない、と考えるからである。

それは飛行機事故の調査に似ているかも知れない。時代の違いを超え、地域の違いを超え、あらゆる飛行機事故を統一的に説明する一般的な理論を打ち立てることは困難であろう。たとえば現在の日本と、三〇年前の第三世界における飛行機事故では、技術的前提が全く異なるからである。しかしそれでも、飛行機事故が起きるたびに我々は詳細な調査をし、その原因を探り、事故をより少なくするためにどうすればよいか、教訓を学ぼうとする。

平和構築の調査も、そういったものであると私は考えている。調査を行ったアフガンと東ティモールの平和構築ではどんな政策がとられ、外部アクターはどのように関与し、それは、主な政治プログラムの受け入れや拒否にどうつながっているのか。今後、新たな政府の正統性を確立して行く上で、どんな政策をとるべきなのか。紙幅の制約もあるため、調査内容の核となる部分と、そこから導き出した提言について、次章以降見ていきたい。まず、アフガニスタンである。

第3章

拡大する負の連鎖

―アフガン（1）―

アフガン上院の議場（カブール，2008年6月）

外国の侵略を三度はねのけた歴史

この章ではまず、アフガン紛争の歴史的背景と、二〇〇一年から始まったアフガンにおける平和構築のプロセスを振り返りたい。そして、現在のアフガンが置かれている危機的な状況と、政権の正統性が揺らいでいる現状を、現地調査の結果を交えて総括する。

アフガンの面積は日本のおよそ一・七倍。人口は国連の推定で、およそ三〇〇〇万人とされている(二〇〇八年現在)。民族的には、パシュトゥーン人(アフガン全体の中に占める割合は、推定値で約四五%)、タジク人(同三二%)、ハザラ人(同一二%)、ウズベク人(同九%)、その他少数民族によって構成される多民族国家であり、主な言語は、タジク人などが用いるダリー語、パシュトゥーン人が用いるパシュトゥーン語などである。

アフガンにできた最初の統一国家は、一七四七年に成立したドゥッラーニー王朝であった。この時の首都は南部のカンダハールであったが、途中カブールへ遷都された。一八二六年、新たにムハンマドザイ王朝が誕生したが、この二つの王朝は共に、パシュトゥーン人による王朝であった。ムハンマドザイ王朝は、一九七三年にザヒル・シャー国王が亡命するまで、基本的に存続することになる(渡辺光一著『アフガニスタン 戦乱の現代史』岩波新書、参照)。

ムハンマドザイ王朝ができて一三年後の一八三九年、インド人傭兵を主力とするイギリス軍がアフガンに侵攻し、第一次アフガン戦争が始まった。当初、アフガン側の抵抗は少なく、イギリスによる支配は無難に進むかに見えた。しかしイギリスが駐留して二年たった頃から、アフガン全土で一斉蜂起が始まり、次第にイギリスは追いつめられ、遂にアフガンからの撤退を余儀なくされた。

二度目のイギリス軍の侵攻は一八七八年。同じように進駐当初は目立った抵抗がなかったが、二年後、カンダハール近郊の大合戦で、アフガン人がイギリス軍を大敗させ、戦況が大きく変わった。後にイギリスの選挙で政権が交代し、イギリスは再びアフガンから撤退した。

その後アフガンは、一時的にイギリスの保護下に置かれたが、一九一九年に正式に独立を勝ち取り、一九二三年には、最初の憲法も制定された。一九三九年、ザヒル・シャーが王位につき、内には立憲君主制による統治を続け、外には明確な中立外交を行ったため、大きな紛争に巻き込まれることもなく、安定した時代が続いた。ザヒル・シャーの時代を懐かしむ声は、アフガンの中で今も大きい。

特に注目すべきは、一九六四年に憲法が改定され（いわゆる一九六四年憲法）、二院制と独立した司法、そして政治結社の自由がある程度認められ、翌年には、初の民主的な選挙が行われたことである。アフガン人が自らの手で、民主主義の制度を一度選択していることは、今後の平和構築を考える上でも重要である。

しかし民主的な選挙と議会の設立は、議会と国王の政治的な緊張関係を生みだし、政治が不安定化した。一九七三年、シャー国王が目の治療でイタリアに渡航していた間に、ソ連で訓練を受けた若手将校がカブールの政府施設を占拠、無血クーデターを成功させる。この後、一九七八年、七九年と立て続けにクーデターが起き、アメリカで博士号を取得し、アメリカとの深い関係を持ったハフィズラ・アミン元外相が実権を握った。

アミンが実権を掌握した三か月後、ソ連がその政権転覆を目指し、アフガンへの侵攻を開始する。アミンは殺害され、親ソ派の政権が樹立された。

しかし、アフガン人はこのソ連の侵略に対し決然と立ち上がり、アフガン全土で反抗を開始した。この戦いをアフガン人は今も、「ジハード(聖戦)」と呼ぶ。私はアフガンで二〇人近い元司令官にインタビューしたが、その経歴を聞くと、みな「私は何歳の時にジハードに参加した」と話し始める。親ソ政権を樹立する「政権交代(レジームチェンジ)」のために侵攻したソ連軍に対する戦いを、アフガン人はイスラムを守るための「ジハード」と定義した。

この「ジハード」という定義づけは、アフガン人の多くを「ムジャヒディーン」つまり「聖戦の戦士」として奮い立たせることになる。さらにこのジハードという言葉に呼応し、アラブ各国から若者がアフガンに集まっていく。アルカイダもまた、この時期にアフガンに入り、ソ連との戦いに参加した一派であった。

　ムジャヒディーン各派は、アラブ諸国やアメリカからの財政的・技術的支援を受け、次第にソ連軍に対し、激しい攻撃を繰り広げるようになる。当時のアメリカ政府のムジャヒディーンに対する支援は、二〇〇七年に公開されたハリウッド映画「チャーリー・ウィルソンズ・ウォー」で一躍有名になった。一九八八年、ソ連は一〇年近い泥沼の戦いの後、遂にアフガンからの撤退を決意。翌年、アフガンからの完全撤退が完了した。

　一九世紀の超大国であったイギリスを二回にわたって撤退に追い込み、二〇世紀の超大国であったソ連も最終的に撤退させたことは、アフガン人の大きな自信となっている。私もアフガン滞在中、ムジャヒディーンである元司令官たちだけでなく、国連のアフガン人職員や一般市民も含め、アフガンの人たちが何度もこの事実を話すのを聞き、いかに国民の誇りになっているかを実感した。

　しかしその歴史は、現在の平和構築に関わる外部の軍隊や組織が、アフガンにおいて、過去の侵略者とは異なる「公正な第三者である」と感じてもらうことがいかに難しいか、そしてそれがいかに決定的に重要かを、同時に示している。

タリバン支配とアメリカの侵攻

ソ連が撤退した後、ムジャヒディーン各派は、当時のナジブラ政権との戦いを継続し、三年後、ナジブラ政権は崩壊した。しかし、ムジャヒディーン各派は統一した政府を確立し安定した秩序を作ることができず、すぐに内戦が勃発する。混乱と破壊が続く中、一九九四年、突如、タリバンという勢力がアフガン南部にあらわれ、急激に支配を拡大した。

タリバンは、パキスタン側に避難した三〇〇万とも言われるアフガン人の難民キャンプから生まれた。そのメンバーは、難民キャンプにできたイスラム神学校でイスラム原理主義を学んだパシュトゥーンの若者たちによって構成されていた。パシュトゥーン人が多数派を占めるアフガン南部で戦闘を開始したタリバンは、またたく間にカンダハールを占拠し、ここを本拠とする。その後、北西部への進撃を開始し、九六年には、遂に首都カブールを占拠した。

これに対し、ムジャヒディーン各派の反タリバン派が結集し、いわゆる「北部同盟」が九七年に結成される。北部同盟は、主にタジク人やウズベク人、ハザラ人によって構成され、ロシアやトルコ、イランなどから支援を受けていた。しかしタリバンの侵攻と支配地域の拡大は進み、九八年にはアフガン全体の九〇%を支配下に置くに至った。

このタリバンの急激な侵攻と拡大にはいくつかの理由があげられるが、一つには、隣国パキスタンの支援、とくに統合情報部(ＩＳＩ)の支援が大きな要因であったと、多くの専門家が指摘している。パキスタンは、旧ソ連から独立したトルクメニスタンやアゼルバイジャンなどの産油国から、アフガン経由でパキスタンに石油パイプラインを新たに建設することで、大きな国家的利益をあげることができると考えていた。そのため、パキスタンの影響下にあるタリバンがアフガン全土を支配すれば、パイプライン計画が実現可能になると考えた、という見解である。

パキスタンから手厚い支援を受けたタリバンは、制圧した地域において急進的な政策を推し進め、女性の中学や高校への進学を禁止し、女性の就業も禁止し、全身を覆うブルカの着用を強制した。そのため、タリバンがアフガンの大部分を支配下においた後も、タリバン政権を正式に承認する国家は少なく、わずかに、パキスタン、サウジアラビア、アラブ首長国連邦の三か国にすぎなかった。

タリバン政権内部では次第に、九六年にソマリアから再びアフガンに戻ったアルカイダの首領、オサマ・ビンラディンの影響が強くなり、タリバン穏健派が実権を失っていく。そして、二〇〇一年九月一一日、アメリカを襲った同時多発テロをきっかけに、アフガン情勢は急展開を遂げることになった。

ブッシュ政権は、まずタリバン政権に対し、ビンラディンの引き渡しを要求した。タリバン側がこれを拒否したことを受け、この年の一〇月、アメリカ軍は、英空軍と共に、アフガンへの空爆を開始する。同時に、タリバンに対抗していた北部同盟への支援を強めた。一方アメリカは、パキスタンに圧力をかけ、タリバンへの支援を中止させた。アメリカを主導とするこのアフガンへの作戦を、当初ブッシュ政権は、「十字軍の戦い」と呼んだが、アラブ諸国の猛反発を受け、後に「不朽の自由作戦(OEF)」と名づけた。

米英軍による激しい空爆と、パキスタンからタリバンへの支援が断たれた状況を追い風に、北部同盟は進撃を開始し、北部のマザリシャリーフ、首都カブール、そして南部の中心都市カンダハールを三か月足らずで占拠した。タリバン政権は、ここに崩壊。ソ連の侵攻から数えて二三年の戦乱を経て、アフガニスタンは再び、新国家建設への道を歩み始めることになった。

ボン会議と和平プロセス

ブッシュ政権は、アフガンにおける新国家建設において、国連に「政治的な役割」を期待した。ニューヨークの国連事務局も、アメリカの戦争とは一線を画し、タリバン後のアフガン人の手による新国家づくりを支援することに乗り出した。タリバン時代から国連のアフガン担当事務総長特別代表を務めていたブラヒミ氏が、再びアフガンを担当する国連代表として仲介を行うことになった。

二〇〇一年の一一月二七日、国連が呼びかける形で、アフガン各派の代表がドイツのボンに集まり、その後のアフガンの新国家づくりについて交渉が行われた。参加者は、①北部同盟、②シャー元国王を戴く「ローマ・グループ」、③イランからの支援を受けた「キプロス・グループ」、④タリバンを除くパシュトゥーン人によって構成された「ペシャワール・グループ」の代表であった。力関係に配慮し、北部同盟から一一人、ローマ・グループから八人、キプロスとペシャワール・グループからそれぞれ三人が、正式なメンバーとして会議に参加した。

会議に参加した各グループのうち、北部同盟以外のグループは、いずれも亡命者が中心であり、アフガン内で実力を持っていなかった。一方アメリカは、アフガンの最大多数派であるパシュトゥーン人が新政権のリーダーになり、北部同盟の中心であるタジク人と協力することが望ましいと考えた。その眼鏡にかなったのが、英語に堪能で、九二年にできたムジャヒディーン連合政権で外務次官を務め、その後反タリバン活動を行っていたパシュトゥーン人のハミド・カルザイ氏である。ブッシュ政権は陰に陽にカルザイ氏を支援した。一方タリバン勢力は、このボン・プロセスから完全に除外された。

国連は暫定政権から移行政権、そして正式な政権をつくるプロセスを描いた原案を示し、それをたたき台に激しい交渉が繰り広げられた。最終的に一二月五日、アフガンの和平プロセスを決めたボン合意が締結され、以下の内容が決まった。

(一) 暫定政権の発足

この暫定政権(Interim Government)は、日々の行政を取り仕切る「暫定行政機構」、次の政権をつくるための緊急ロヤ・ジルガ(国民大会議)を開催する準備を行う「独立委員会」、司法を担当する「最高裁判所」によって構成される。暫定政権の議長には、カルザイ氏が決まった。

しかし暫定政権は、選挙で選出されたわけでもなく、いわゆる「正統性」に問題がある。その暫定政権下で新たな憲法を作成したり、選挙を行うことに無理があると考えた国連とボン会議参加者は、暫定政権の後に「移行政権(Transitional Government)」を新たにつくり、その移行政権の下で、憲法の制定や正式な選挙を実施することを決めた。

(二) 移行政権をつくるための「緊急ロヤ・ジルガ」を、半年以内に開催する

この移行政権をどうつくるかであるが、国連は、アフガンの伝統的な意志決定会議である「ロヤ・ジルガ」を開催し、より幅広いアフガン民衆の声を受けた形で、移行政権をつくることを提案した。アフガン各派もこれを受け入れた。

(三) 移行政権による新たな憲法の採択と、選挙の実施

移行政権は、政権樹立後一年半以内に正式なロヤ・ジルガを招集し、新たな憲法を採択する。

さらに二年以内に、新憲法の下で選挙を行い、正式な政権を選択する。

右のように、ボン合意は、アフガンにおける平和構築の道のりを示したものであった。そしてその後の新国家づくりは、多少時期の遅れはあったものの、基本的にボン合意で決まった道筋にそって進んでいく。ボン合意から二週間後、カルザイ氏を議長とする暫定政権が発足。その半年後の二〇〇二年六月、カブールで緊急ロヤ・ジルガが開催され、移行政権が発足し、カルザイ議長が、引き続き移行政権の大統領に選出された。

移行政権の樹立から一年半たった二〇〇三年一二月から「憲法制定ロヤ・ジルガ」が開かれ、アフガン新憲法が採択された。その後の選挙は、治安の悪化が少しずつ始まったこともあり、日程が遅れたが、それでも二〇〇四年に大統領選挙が行われ、カルザイ氏が五五％の得票を獲得、正式に大統領に選ばれる。さらに二〇〇五年、アフガン全土で下院議員選挙と県議会選挙が行われ、下院議員二四九人と県議会議員四二〇人が選出された。

アフガン新憲法は、上院、下院の二院制を定めている。憲法の規定により、上院議員一〇〇人については、その三分の一がカルザイ大統領によって指名され、残り三分の二は、県議会議員から選ばれた。（新憲法では、上院で県議会議員が占める割合は三分の一で、残り三分の一は「郡議会議員」から選ばれることになっている。しかし、二〇〇五年の段階で郡の境界線を引くことができなかったため、郡議会選挙は見送られた。そのため暫定的な処置として、上院の三分の二が、県議会議員から選出された。)

正式な大統領の選出と、上院と下院が民主的な選挙を経て誕生したことを受け、ここにボン和平プロセスは、一応の完結を見た。しかし、当初「平和構築の成功例」と見られていたアフガンは、徐々に治安が悪化し、選挙が行われた〇五年頃から急激にその統治が揺らぎ始めるのである。

アフガン下院(カブール)

外部アクターと政治・軍事

アフガンにおける治安悪化の状況を見る前に、アフガンの平和構築に関わる外部アクターの役割を見ておかなければならない。アメリカのアフガン攻撃そのものは、二〇〇三年のイラクへの攻撃に比べ、国際的な理解を得たことは事実である。ブッシュ政権は、タリバン政権に対する攻撃を、9・11同時多発テロに対する「自衛権の行使」だと主張した。もちろん、タリバンが直接、アメリカへの攻撃を行ったのではない。しかし、ビンラディンをはじめとするアルカイダが同時多発テロを行った以上、そのアルカイダを保護しているタリバンに対しても自衛権の行使による攻撃は合法的だというのが、アメリカの主張であった。

アメリカは、この「自国を攻撃するテロ組織をかくまう国家への攻撃は、自衛権の行使にあたる」という主張を、一九八〇年代から行ってきたが、なかなか国連加盟国や国際法の専門家の多数意見にはならなかった。しかし、同時多発テロの悲劇を受けて世界各国の同情がアメリカに集まる中、ブッシュ政権の武力行使は、比較的多くの国から支持された。その背景には、国連安保理が同時多発テロの翌日に緊急会議を開き、「テロ組織をかくまったものもまた、同じように責任を問われる」と断定し、同時多発テロを行った組織に対し、アメリカがあらゆる手段を講じることを認めたとも読める決議を採択したこともあった。

こうしてアメリカは、「不朽の自由作戦」と呼ばれる作戦を開始したが、タリバン政権が崩壊した後も、ブッシュ政権は、「タリバン・アルカイダ掃討作戦」という目標を掲げ、この軍事作戦を継続した。つまりブッシュ政権は、国連が「政治的な助言と支援」をアフガン政府に行うことは歓迎するものの、軍事面での独立性は、決して譲らなかった。

一方国連の側も、ボン会議の段階では、まだアフガン全体の治安状況がどうなるか分からない中で、国連PKOと国連ミッションが全面的に暫定統治を行う方式をとることはふさわしくないと考えた。そのため、あくまでアフガン人主体の暫定政権をすぐにつくり、それを国連が補佐・助言するという形をとった。そして、治安維持については、国連PKOではなく、国連安保理がその役割を承認した「国際治安支援部隊（ISAF＝International Security Assistance Force）」を新たにつくることになった。

結果的に、政治的な役割を担う「国連アフガン支援ミッション（UNAMA）」と、治安の維持と、アフガン軍やアフガン警察の整備を支援する「国際治安支援部隊（ISAF）」、そしてタリバン・アルカイダ掃討作戦を行うという「不朽の自由作戦（OEF）」の三者が、それぞれ別々の役割を担うことになった。

通常の平和構築活動で行われてきた「国連ミッションが、政治的な役割と、軍事的な役割（国連PKO活動や国連警察活動など）の双方を指揮、コントロールする」という体制は、アフガンでは採用されなかったのである。

さらに「治安の維持とアフガン軍や警察の支援」を任務とするISAFと、あくまで国際テロ組織の壊滅を目指す「不朽の自由作戦」を遂行するアメリカ軍が主導する連合軍（この作戦の圧倒的な主要勢力はアメリカ軍のため、以後アメリカ軍とする）が平行して存在している事実は、アフガンにおいて、政治と軍事が統一された意思で行動し、事業展開を行うことを極めて困難にした。なぜなら、政治的な役割を担う「国連アフガン支援ミッション」は、国連安保理によってその任務が定められ、また、ISAFも、国連安保理によってその活動を承認されているため、まだしも意思の疎通は可能であったが、アメリカ軍が主導する「不朽の自由作戦」は、国連の枠外の活動のため、国連ミッションにはなんらその行動を規制する方法がないからである。あとで見るように、二〇〇五年に始まった「タリバンとの和解プログラム」においても、この政治と軍事の指揮権が分立していることが、その進展に大きな影響を及ぼしている。

ＩＳＡＦの拡大とアメリカ軍

それでも、二〇〇三年終盤までは、ＩＳＡＦと「不朽の自由作戦」を行うアメリカ軍の峻別はたやすかった。ＩＳＡＦが首都カブールの治安を担当する一方、アメリカ軍がそれ以外のアフガン全土に展開し、タリバン・アルカイダ掃討作戦を続けるという構図だからである。しかし、二〇〇三年三月に新たにイラクに侵攻したブッシュ政権は、イラクに十数万人の軍隊を駐留させることになり、〇三年からＩＳＡＦに参加するＮＡＴＯ（北大西洋条約機構）加盟国に対し、アフガンでのより大きな負担を求めるようになった。

その結果、二〇〇三年一〇月の国連安保理で、ＩＳＡＦの地方への拡大が決議される。その後ＩＳＡＦは、徐々にその担当地域を拡大していく。まず〇四年一〇月にアフガン北部に展開したＩＳＡＦは、〇五年九月に西部に進出。〇六年七月に南部にも展開し、同年一〇月、東部への展開も終え、ここにISAFがアフガン全土において、アフガン軍やアフガン警察を支援し、治安維持を担当することになった。

このISAFの拡大過程で、それまで「不朽の自由作戦」を行っていたアメリカ軍が、ISAFに参加するようになり、その数はISAF全体のおよそ半分を占めるようになる。その一方アメリカ軍は、「不朽の自由作戦」つまり、タリバン・アルカイダ掃討作戦を目標に掲げた軍事作戦そのものは、別個に続けたのである。アメリカのブルッキングス研究所のリポートによれば、〇八年九月においてアフガンに展開するアメリカ軍三万四〇〇〇人のうち、一万九〇〇〇人が「不朽の自由作戦」に従事し、一万五〇〇〇人が「ISAF」の活動に従事している。

ISAFもアメリカ軍も、当然ながら自国の軍服と軍旗の下に行動を行う。(国連PKOの場合、水色のベレー帽をかぶり、いわゆるブルーヘルメットの身形《みなり》で行動する。)同じアメリカ軍が、ISAFの活動と、「不朽の自由作戦」の遂行という、異なる作戦を同時に行うことになり、現地のアフガン人から見て、ISAFと「不朽の自由作戦」に従事する軍隊を峻別することは、ほぼ不可能になった。これは国際スタッフにとっても同じで、あるNATO加盟国からアフガンに派遣されている文官は私に、「どこでどの軍が、どちらの活動をしているか、ほとんど分からない」とため息交じりに話した。

この「ISAF」と「不朽の自由作戦」の境界線が、少なくとも現地のアフガン人から見て曖昧になったことは、ＩＳＡＦにとって、大きな課題となった。多数の市民の犠牲も出ている大がかりな空爆や、アフガン人が「民族への侮辱」として最も反発する一般の住居に押し入って摘発を行う索敵作戦などは、その多くがＩＳＡＦではなく、「不朽の自由作戦」を行うアメリカ軍によって実施されてきた。しかしその反発は、アメリカ軍だけでなく、本来治安の維持と、アフガン治安当局の支援を担当するＩＳＡＦ全体にも、及ぶことになった。

地方復興チームと援助の複雑化

「政治的支援を行う国連」と「治安維持を担当するＩＳＡＦ」、「テロ掃討作戦を行うアメリカ軍」というように、外部アクターのアフガンへの関わりが分立した形で進む中、さらに状況を複雑化したのは、軍主導で行われているＰＲＴ(Provincial Reconstruction Teams)の存在である。

ＰＲＴは、本来「県単位の復興チーム」もしくは「県ごとの復興チーム」とでも呼ぶべきかも知れない。アフガンにある三四の県ごとに別個にできた、アメリカ軍やＩＳＡＦ主導で作られた「復興を担当するチーム」がＰＲＴとされている。（ただ、日本では「地方復興チーム」という訳がよく使われているので、これに従う。）

私はアフガン滞在中、『ＰＲＴハンドブック』という、二〇〇ページに及ぶ「地方復興チーム」用のマニュアル書を入手することができた。ISAF本部が、それぞれの県ごとに別々に活動する「地方復興チーム」に、地方復興チームの歴史や全体像、活動の目標やその指針などについて詳しく書き、配布したものである。当時最新のもので、二〇〇七年二月版であった。

この「地方復興チーム」はもともと、「不朽の自由作戦」のために展開したアメリカ軍が、地域の住民に、比較的短時間で効果のある経済援助を行い、アフガン人からの支持を獲得することが大きな狙いだった。しかし前述したように、ISAFが地方に拡大していくのにあわせて、「地方復興チーム」の活動も、その多くがアメリカ軍からISAFに引き継がれることになった。〇九年一月現在、四一の国がISAFに参加し、二六の「地方復興チーム」が作られている。

「地方復興チーム」の活動は多岐にわたり、しかも、それぞれ県ごとに活動も担当国も異なるため、一概に評価するのは難しい。しかし、多くの平和構築の現場に比べ、外部アクターの調整が極めて複雑になったことは否めない。

通常の平和構築では、①国連、②ドナー国の援助団体、③国際NGO、という三つの外部アクターが、現地政府と、それぞれの人道支援活動や開発援助などを調整することになる。それだけでもかなりのアクターが重なりあい、効果的に支援を行うための相互調整が大変である。通常その調整は、国連ミッションなど国連機関が行う。

アフガンでは、通常の外部アクターに加え、ISAFや「不朽の自由作戦」に携わるアメリカ軍という、国連とは指揮権の異なる組織が軍事を担当する上、さらに、軍が主導する援助組織たるこの「地方復興チーム」も、それぞれの県ごとにアフガン支援に関わることになった。具体的には、国連の各機関がそれぞれの役割、つまり、UNHCRが難民帰還、WFPが食糧支援、UNICEFが学校の建設や教育の改善、WHOが医療施設の整備などを行う一方、それとは別個に「地方復興チーム」が、医療施設や学校、道路の建設など、様々な活動を行うことになった。そのため、現地のアフガン人から見ると、誰がどこで何のプロジェクトを担当しているのか極めて分かりにくく、地元で問題が生じた際、誰に相談したらよいか分からないという事態を生んだ。

限られた国連の役割

さらに、アフガンでは、国連ミッションの役割が「政治的な補佐と助言」に限定されているため、現地政府の各機関を整備する事業も、国連が包括的に行うのではなく、それぞれの機関ごとに、異なる国が分担して支援することになった。たとえば、アメリカがアフガン軍の再建をリードし、ドイツが警察の整備を主導し、イギリスが麻薬対策をリード、イタリアが司法改革を担当し、日本が武装解除を担当する、という形である。そのため、相互に関係するプログラムを有機的に連携させることが、非常に時間もかかり、難しくもなった。

こうした「個別の国家がそれぞれの部署を担当する」やり方は、アフガンにおける国連ミッションが、カンボジアやコソボ、東ティモールなどで行われたような「国連暫定統治機構」としての大きな権限を与えられず、あくまで政治的な助言機関としての地位しかないことが大きな要因になっている。

右の事情が重なり、アフガンにおける外部アクターの役割は分立し、極めて複雑化した。二〇〇八年三月に新たに国連アフガン支援ミッションの特別代表に選ばれたカイ・エイド氏は、その年暮れに放送されたBBC（英国放送協会）の番組で、「未だに、この国のどこで誰がどんな支援を行っているかを簡単に示す資料を作ることができない」と語り、支援の調整がいかに至難の業であるかを吐露した。

国連安保理の場でも、この「バラバラな国際組織の活動」に対する批判の声が高まり、次第に国連アフガン支援ミッションの権限を拡大する決議がされるようになる。たとえば二〇〇八年三月の安保理決議では、国連アフガン支援ミッションの期限を延長すると同時に、①国連ミッションが、アフガンにおける国際的な支援をより強力に調整すること、②ＩＳＡＦと国連ミッションの連携をさらに強化すること、③軍事紛争における一般市民の状況を監視すること、などを盛り込んだ。③の一般市民の被害に関する規定は、暗に、ＩＳＡＦやアメリカ軍による市民の被害を国連が監視することで、一般市民への被害を抑制する狙いがあったと思われる。

しかしこうした決議がされても、実際の活動において、国連アフガン支援ミッションが極めて限定的な権限しかもっていない事実は変わらず、アフガンにおける外部アクターの関与が、極めて多元的で、複雑な状況になっていることは、今も変わらない。

広がる地域格差

こうした中、二〇〇五年に国会議員選挙と県議会議員選挙が行われた頃から、徐々に治安が悪化し、タリバンをはじめとする反政府武装勢力(Insurgency)による攻撃が増加した。二〇〇八年二月の国連事務総長報告によれば「二〇〇七年の反政府活動は〇六年に比べ劇的に増加し、一か月あたり平均五六六件の事件が発生(〇六年度は月平均四二五)、一年間で紛争で亡くなった人数は八〇〇〇人を超え、そのうち一五〇〇人が一般市民である」と報告した。

さらに〇九年三月に出た国連事務総長報告は、「二〇〇八年七月から一二月まで、月平均、八五七件の事件が発生している」とし、治安状況の悪化が続いていることを強調した。また、〇八年一年間で亡くなったアフガン人は、一般市民だけで二一〇〇人を超え、〇七年に比べ、四〇%増加したと、国連アフガン支援ミッションは報告した。

こうした反政府武装勢力による組織的な攻撃や、それに対するアメリカ軍やＩＳＡＦなどの攻撃に加え、一般犯罪も増え続けている。警察や軍の整備が遅れ、失業の増加や生活状況の悪化が深刻になる中で、凶悪犯罪も劇的に増加しているのだ。私がカブールで話を聞いた商店街の店主は、「タリバン政権の頃は、締め付けが厳しく恐ろしかったが、まだ安全だった。今は自転車を数時間、外に置いただけで盗られてしまう。数日前にも弟の家に強盗団が入り、身ぐるみはがされ財産を全て盗られた。もう警察はないも同然になってしまった」と嘆いた。

国際NGOであるアジア財団は、アメリカの援助機関の資金も得て、アフガン全土で定期的に世論調査を行っている。〇六年、〇七年、〇八年と毎年行われた調査は、いずれも六〇〇〇人規模であり、アフガンにおける最も規模の大きな世論調査と言えるであろう。私もアジア財団のアフガン事務所代表に会い、公開された報告書にはない、県ごとのより細かいデータも得た。

この調査の結果が明らかにしているのは、地域ごとに「治安をめぐる格差」が広がっていることである。たとえば、カブールを中心としたアフガン中部や、北東部、北西部、東部などでは、治安はまだ比較的安定している。（少なくとも人々はそう感じている。）「自分の身の回りの治安状況が、①非常に良い、②良い」と答えた人の合計は、中部で七四％、北西部で八二％、北東部で八〇％となっている。こうした地域の多くが、タジク人やハザラ人など、現在の政権をつくった主役である北部同盟の母体となっている民族が多く住む地域である。

一方、タリバンの出身母体であったパシュトゥーン人が多く住む、南西部（カンダハールを含む）、南東部などで、極めて治安が悪化していることを、この世論調査は示している。南西部では「身の回りの治安状況が、③悪い、④非常に悪い」と答えた人が、実に七四％に達し、南東部でも六二％になっている。

つまり、身の回りで常に危険を感じている人の割合は、パシュトゥーン人の間で圧倒的に大きくなっている。こうした地域では、実際に犯罪に遭った人の割合も増加している。たとえば、南西部では二〇〇七年に実際に犯罪の被害に遭った人は、二二％であり、南東部でも二一％に上る。これは前年度に比べ二倍近くに増えており、凶悪犯罪が急激に増加していることを示している。その種類は、暴行、恐喝、誘拐、強盗などである。

こうした治安の悪化を受け、多くの地域に国連職員や現地政府の職員が立ち入りすることができなくなっている。二〇〇九年三月の事務総長報告書は「治安悪化のため、アフガン全土にある約四〇〇の郡のうち、一〇の郡は全く政府のコントロールが及ばず、一六五の郡で立ち入りが難しくなっている」と伝えた。

実際、国連職員や政府職員が立ち入りできない地域が広がっていることを、私自身、実感した。たとえば、カブールから車で四五分ほどの距離にあるワーダック県やローガー県は、私がいた〇八年六月には、まだその中心部には国連職員の立ち入りが可能であり、私もワーダック県政府事務所で調査を行った。しかし治安の悪化を受け、〇八年八月より国連職員の立ち入りは、二つの県全域で、一切禁止となった。(〇九年一月現在も禁止のまま。)

治安の悪化のために政府職員や国連職員が立ち入りできなくなると、その地域での開発支援や社会基盤整備が遅れることになる。それが地元住民の生活を悪化させ、政府への不満を高め、さらに犯罪や反政府活動が増加してしまう。この「治安の悪化→支援や整備の遅れ→住民の不満→反政府活動や犯罪の増加→治安の悪化」というまさに負の連鎖が、アフガンの多くの地域、特にパシュトゥーン人が多く住む地域で起きているのである。

この事実を端的に示しているのが「タリバン時代と比べて、現在の方が自分の家族の経済状態が、改善されたと思うか」という問いに対する答えであろう。アフガン全体で見ても、「経済状態がよりよくなった」と答えた人は、〇六年の五四%から〇八年の三九%まで下がり、逆に「悪くなった」と答えた人は、〇六年の二六%から〇八年の三六%まで上がっている。

しかし一層深刻なのは、地域ごとの格差である。カブールを中心としたアフガン中部、北西部、北東部など、タジク人やハザラ人が多く住む地域では「タリバン時代より経済状態がよくなった」と答えた人が、「悪くなった」と答えた人をかなり上回るのに対し、南西部や南東部では、「悪くなった」と答えた人が、「よくなった」人を大幅に上回っている。たとえば、南西部では、「タリバン時代に比べ経済状態が悪化した」と答えた人が四〇%で、「よくなった」と答えた人はわずか一七％にすぎないという結果が出ている。

タリバン時代と今と

私がアフガンに滞在した二〇〇八年二月と五―六月は、治安と生活の悪化が、南部を中心に深刻化しているちょうどその時であった。国連アフガン支援ミッションをはじめ、国連各機関の責任者もみな私の調査に協力してくれた。ＵＮＤＰ（国連開発計画）のアフガン事務所のトップ、アニタ・ニローディ代表は私の企画書を見て次のように話した。

「非常にタイミングのいい企画だと思います。もしあなたが二〇〇五年末にこの企画を持って来たら、『大統領選挙も終わり、国会議員選挙も終わり、正統な政府が樹立された。正統性なんて、問題じゃない』と多くの人に言われたでしょう。でも今は、アフガンの平和構築に関わるみんなが、この『正統性』の問題を意識し、なんとかしなければと思っているのです」

私は首都カブールで、英語と現地語を話すワリッド・トラカイ氏とともに、アフガン政府の主要閣僚や、武装解除の責任者、タリバンとの和解プログラムの責任者などに会って話を聞きつつ、治安が劇的に悪化している南部のパシュトゥーン人地域であるカンダハール県、中部のワーダック県（特にマイダンシャー郡とジャルリッツ郡という、パシュトゥーン人地域で治安の悪化が進んでいる地域）、キャピサ県（特にコーバンド郡とコヒスタン・ワン郡という、タジク人地域で治安も比較的よい地域)について、フィールド調査を行った。既に見たように、治安と生活の格差が広がるアフガンの現状を見るには、異なる県の比較分析を行うことが欠かせないと考えたからだった。ワーダック県のジャルリッツ郡については、危険が大きく国連職員も全く入れないため、隣のマイダンシャー郡にあるワーダック県政府事務所まで、ジャルリッツ郡から村人に来てもらう必要があった。

三県で行った合計二六〇人の村人を対象にしたアンケート調査の結果は、治安と生活をめぐる地域間格差が大きく開きつつあることを示すものとなった。三〇問に及ぶ質問の中で私は、アジア財団の質問から一歩踏み込み、「タリバン時代と比べて、あなたの日常生活は、より安全になったか、危険になったか?」も問うた。アジア財団の問いが、「経済状態」に関するタリバン時代と現状の比較だったのに対して、治安状況についても率直に聞いたのである。

その結果は、タジク人地区であるキャピサ県においては、八六%の人たちが、「タリバン時代に比べ、より安全になった」と答えた。これに対し、パシュトゥーン人が住むカンダハールでは七四%、ワーダック県でも六四%が「タリバン時代に比べ、現在の生活の方がより危険になった」と答えている(巻末の資料①参照)。

この結果は、「タリバン時代よりも治安状況が悪化した。経済状態も悪化した」と考える人が、パシュトゥーン人が住む南部を中心に多数派になってきていることを明確に示している。

これは、アフガン最大民族であるパシュトゥーン人の間でカルザイ政権の「正統性」が大きく揺らぎ、今後の平和構築が極めて深刻な事態を迎えていることを示唆している。

もちろん悲観的な事実だけでなく、三県を通じて状況が改善されていることもある。たとえば「クリニックや病院の利用」「清潔な水の確保」「学校への通学」などは、三県全てで、三年前より改善されていると答えた人が多かった。つまり、医療や教育、水道の普及などは、かなり改善されていることが分かる。これは、政府や国連の活動と共に、軍主導の「地方復興チーム」が、比較的短い期間で成果の出る、クリニックや学校の建設、井戸の整備などを進めた結果だと考えられる。

一方で、電気の状況については、カンダハール県では「改善された」と答えた人が一〇％なのに対し、「悪化した」と答えた人が五四％であり、生活環境の悪化が懸念された。私のアンケート調査に応じてくれた村人の一人、カンダハール県パンジュワイ郡出身のGさんは「六年ほど前は二四時間電気があった、ここ数年タリバンなどの攻撃が激しくなり、一日二時間しか電気が来なくなった」と訴えた。

さらに三県を通じて深刻なのが、仕事の欠如と失業の増加である。雇用状況について「悪化した」と答えた人の割合は、カンダハール県とワーダック県でそれぞれ四六％、キャピサ県でも三六％であり、「改善された」と答えた人をいずれも大きく上回った。ワーダック県のジャルリッツ郡から来た村人は、「以前は小さいながら畑もあり、農閑期は道路建設などに従事することもできた。今は、経済的困窮で畑も売り、公共事業も治安の悪化でなくなり、全く仕事がなくなった」と悲痛な表情で訴えた。

また世界的な食糧価格の高騰も家計を直撃している。キャピサ県の村人はいずれも「三年前、小麦七キロあたり大体五〇アフガン（約一ドル）だったのが、今は三〇〇アフガン（約六ドル）もする」と話し、食糧事情が悪化していることを具体的に語ってくれた。

以上のことから、アフガンの現在の問題を一言で表せば「治安と雇用状況の悪化」である。つまり「安全」と「仕事」という、人間の生存にとって最も根本的な条件が脅かされ、それに対して政府が有効な手を打てていないことに尽きるのである。

地方政府高官の嘆き

こうした一般のアフガン人への世論調査に加え、先の三県においては、多くの政府高官や有力者（県会議員など）にインタビューした。私が驚いたのは、アフガンでは中央政府や地方政府で働く幹部の中にも、治安の悪化を認め、政策批判を率直にする人が多いことであった。

カンダハール県の農村開発を統括する農村復興開発省・カンダハール事務所の所長エシュナさんは、もともと技術者で大学で教鞭を執っていた。農村復興開発大臣に特に頼まれ、生まれ故郷であるカンダハールの事務所長に就任し、現在に至っている。見るからに精力的で、かつまなざしの優しい人であった。エシュナさんは、現状を率直に語った。

「人々の現政府に対する信頼は、大きく失われています。なぜなら、現政府が人々に約束したことを全く実行できていない、と人々が感じているからです。一つの大きな問題は、『北部同盟』の出身の人たちが政府の中枢を握っていることです。そして中央政府は、非常に腐敗した人物を地方政府の要職に送りこんでいます。そのため地方政府の腐敗が進んでいるのです」

農村復興開発省・カンダハール事務所のエシュナ所長

前に述べたように、〇二年から大統領を務めるカルザイ氏は、パシュトゥーン出身である。しかし、パシュトゥーン人の間にある「自分たちは新しい政権の恩恵を受けていない」という気持ちを、エシュナさんのような地方政府の幹部までもが共有していた。

エシュナさんはまた、治安の悪化とその影響についても説明してくれた。

「治安の悪化は、農村復興開発省のスタッフにとっても大きな脅威になっています。実際に、カンダハール県のパンジュワイ郡、カークレッズ郡、マイワンド

カンダハール県のロナ・セレン女性(問題)担当部長

郡で、それぞれスタッフが、何者かに誘拐されました。誘拐した組織と直接交渉し、なんとか救出しましたが、こうした地域にはもう、足を踏み入れることすらできなくなっています」

「治安の悪化」→「復興プログラムの停止」→「生活の悪化」→「政府への不満」→「治安の悪化」という負の連鎖を目の当たりにしているエシュナ所長の言葉は重かった。彼は最後に、「この悪循環を断ち切るには、政府が約束したことを強い決意でなんとか実行し、信頼を取り戻していくしかありません」と口調は穏やかなものの、真剣なまなざしで語ってくれた。

カンダハール県の女性(問題)担当部長、ロナ・セレンさんにもインタビューした。女性で政府の要職に就いていることの危険は大きく、名前を出してよいのか何度も聞いたが、「もう私の存在は新聞でも知られていますので、実名で出していただいて結構です」と静かに応えた。インタビューの間も、私の質問を細かくノートに取り、一つひとつ簡潔に答える姿から、極めて高い教養を感じさせた。

「多くの国がアフガンへの支援を行っていますが、その多くが腐敗した政府官僚によって、私腹を肥やすことに使われています。しかし私の力ではどうにもできないのです」

「『地方復興チーム(PRT)』は、大規模なプロジェクトを実施することがありますが、私たち地方政府に、事業の内容を相談することがほとんどありません。たとえば私の事務所では、毎日十数人の女性の訴えを聞き、解決に努力しているので、女性が何を必要としているか知っています。しかし、クリニックを作るにしても、水道を建設するにしても、女性支援事業をするにしても、『地方復興チーム』は、何も私たちに聞かないのです。私たちは支援のプロセスから除外されています。だからたとえ状況が少しよくなっても、住民は『地方復興チーム』に感謝するだけで、現地政府への信頼や支持につながらないのです」

女性の所得向上のために作られたコップ(カンダハール県)

「こうした状況を改善するには、もっと支援国が我々と協力して事業を行うようにすることが重要だと思います」

彼女は毅然として、こう語った。ロナさんの事務所は、日本の支援で作られたもので、ロナさんも日本の支援には心から感謝していると話した。そして事務所で行っている女性の所得向上プログラム(刺繍をほどこしたコップ作りなど)を今後さらに活発化させ、少しでも女性の地位や経済状況の向上に貢献したいと話した。

二人のカンダハール県の幹部が語った政府の腐敗についての不満は、アフガン全体で多くの人が繰り返し話した。カンダハールに滞在するある国連職員は、「一般のアフガン人は政府が極端に腐敗し、汚職にまみれていると考えています。実際に腐敗しているかどうかよりも、人人がそう感じていることが重要で、それが政府への信頼を大きく低下させています」と語った。

人々が抱く不満について、他の地方でも多くの政府高官から聞いた。ワーダック県に派遣されている国防省の幹部は、失業の増大が治安悪化の根本原因であると訴えた。

「このワーダックでは仕事もなく、生活状況も悪化し、人々は生き残るために何でもしてやるという気持ちになってきています。二〇〇一年頃、この国に広がっていた希望は失われ、みな生き残るためには、犯罪組織や反政府軍にも加わるという気になっているのです」

揺らぐ現政府の正統性

前章で私は、平和構築における「正統性」の確立について「憲法の内容や選挙の結果などを人々が受け入れ、その結果に従うことが繰り返されれば、現地政権の正統性は次第に確立していく。逆に、人々がそうした結果を拒絶し、反抗を続け、しかもその範囲が広がっていけば、正統性は次第に崩壊していく」と仮説した。アフガンにおいて反政府勢力による攻撃が急激に増加し、その支配地域が広がっていることは、アフガン新憲法が民主的な手続きを定め、政府への武装攻撃を禁止している以上、憲法に従わない勢力が拡大していることを露骨に示している。また〇五年の国会議員選挙後に治安が悪化していることは、選挙の結果を受け入れない勢力が、次第に拡大しているとも言えるであろう。

つまり現在のアフガニスタンは、特に最大多数派であるパシュトゥーン人の住む地域を中心に、政府の正統性が上昇し確立されていくのではなく、逆に激しく低下する趨勢にある。「タリバン政権時代より、経済状態も治安状況も悪化した」と考えているパシュトゥーン人が多数派になっていることも、そのことを端的に示唆している。

では一体どうすれば、治安の悪化と支援の停滞、経済状況の悪化とさらなる治安の悪化という負の連鎖を断ち切り、政府の信頼を取り戻し、この国の政府の正統性をもう一度取り戻していくことができるのか。次の第4章では、治安セクター改革の中心である地方軍閥の解体プログラムの現状と課題を分析し、その趨勢を転換させるための具体的な提言を行う。そして第5章では、アフガンの平和構築にとって最も重要だと考えられる「タリバンなど反政府武装勢力との和解」の問題について、包括的な分析と提言を行いたい。

第4章

「非合法武装組織」解体の試練

―アフガン(2)―

回収された武器をチェックするDIAG(非合法武装組織解体プログラム)のアマダザイ事務局長(左から2人目)ら(DIAGの「2008-09年カレンダー」より)

非合法武装組織解体プログラム＝ＤＩＡＧ

この章では、地方軍閥の解体プログラム、いわゆる非合法武装組織解体プログラム（Disbandment of Illegal Armed Groups＝ＤＩＡＧ）」について私が行った現地調査を基に、今後の改善に向けた提言を示す。

ＤＩＡＧの分析を行った理由は、「武装勢力の解体」という、「憲法の制定」や「選挙の実施」と並んで平和構築の主軸といえる政治プログラムを、一体なぜ人々が受け入れたり、拒絶したりするのか、その事情を明らかにするためであった。その分析に基づいて、アフガンでの平和構築プロセス全体を、より幅広い一般市民や政治勢力が受け入れるために何が重要なのか、示唆したいと考えた。さらにＤＩＡＧは、現在アフガンの主要課題である治安セクター改革の核と考えられており、その実施過程と問題点を見れば、治安を改善するための課題を浮き彫りにすることもできると思った。

なお本書では、なるべく略称の使用を避けているが、ＤＩＡＧはその訳が「非合法武装組織解体プログラム」と長いため、「ＤＩＡＧ」（一般に「ダイアグ」と呼ばれている）という略称を使うことをお許しいただきたい。

日本が主導して

アフガンでは、ボン和平合意が締結されて一年二か月たった二〇〇三年二月から、まず北部同盟を中心とした「旧国軍」に対するDDR、いわゆる「武装解除」、「動員解除」、そして「社会復帰」のプログラムが始まった。その目的は、アフガンに無数に存在する軍閥を解体し、中央政府が直接指揮するアフガン軍とアフガン警察が、アフガン全土の治安をコントロールするためだった。そしてまず手始めに、タリバンが崩壊したことで勝者となり、国防省傘下にあった北部同盟が属する国軍(旧国軍)の武装解除を始めることになった。

このDDRのプロセスは、他の平和構築では国連が主導することが多いが、前述したようにアフガンでは国連の役割が小さいこともあり、日本が主導することになった。実際には、日本が資金を提供し、UNDP(国連開発計画)と協力して「アフガン新生プログラム(ANBP)」という新たなプログラムを立ち上げた。「アフガン新生プログラム」が主体となり、旧国軍の武装解除や動員解除、そして軍から解除された兵員の社会復帰などを支援した。

当時アフガン駐在の日本大使だった奥田紀宏氏や政府特別顧問としてDDRを担当した伊勢崎賢治氏(現東京外国語大学教授)などの精力的な活動もあり、DDRは一定の成果をあげた。DDRが終了した二〇〇六年六月までに、約六万三〇〇〇人の兵士が武装解除され、そのうち約五万六〇〇〇人が、社会復帰プログラムを受けることを選択した。社会復帰プログラムの内容は、「農業に従事するための支援」「職業訓練」「小規模ビジネスの立ち上げ支援」などが主であった。このDDRの実施のため、日本はおよそ一〇〇億円を拠出し、イギリスやアメリカ、カナダなども、それぞれ一〇億〜二〇億円規模の支援を行った。

しかしDDRは、あくまで「国防省傘下にあった旧国軍」の武装解除と、その兵員の社会復帰支援であり、それ以外に無数にある地方軍閥の解体は、次のプログラムに委ねられた。この「国防省傘下にない、地方軍閥の解体」を行うプログラムが、「非合法武装組織解体プログラム」、いわゆるDIAGである。

一七〇〇の組織を対象に

このDIAGを調査するにあたり、私はまず、アフガン政府側でDIAGを担当する委員会である「D&R(武装解除・社会復帰)委員会」の責任者、マスーム・スタネグザイ氏に〇八年二月に会い、DIAGの目的や現状について詳しく話を聞いた。また、事務局長であるアジズ・アマダザイ氏にもDIAGの課題や現状について同じ年の五月にインタビューした。

DIAGは、まだDDRが正式に終了する前、〇五年に立ち上げられた。この年DIAGが始まった背景には、この年に国会議員と県議会議員の選挙が予定されていたことがある。選挙に出馬するにあたり、その候補者が非合法武装組織のリーダーであった場合は、武装解除に応じた場合のみ、選挙に出ることを認めることにしたのである。

武装解除を拒否した場合には、選挙の候補者として認めないようにすることで、地方軍閥のリーダーが武力を持ったまま政治家に転身することを防ぎ、同時に地方における武装解除を進める狙いがあった。

そのためDIAGは、アフガン全土でおよそ一七〇〇のグループを「非合法武装組織」として認定し、その一つひとつを武装解除することを目標に掲げた。

では「非合法武装組織」とは何なのか。担当者の話を総合すると、「法律で認められた武装組織(政府軍や警察など)」ではない武装組織は全て、「非合法に武装したグループ」であるとして「非合法武装組織」と定義したと考えるのが、一番実態に近いと思われる。

こうした武装グループの中に、麻薬の取引や密輸など、犯罪行為を行っているグループもあるが、DIAGが認定したグループが、みな犯罪行為を行っているわけではない。あくまで、それまで軍閥として力を誇っていた武装グループで、政府軍や警察に編入されていない組織は、軒並み「非合法武装組織」として解除の対象になった。その意味では、明治維新の後、廃藩置県や廃刀令が出され、旧士族の武装解除が進められた政策に近いと言える。

ただ、DIAGが認定した非合法武装組織の中に、タリバンなど反政府武装勢力(Insurgency）はまだ含まれていない。公然と政府転覆活動を行っている反政府武装勢力をいま対象にしても、すぐに武装解除が実現する可能性がないことが主な理由である。

ＤＩＡＧの実施方法

アマダザイ事務局長の話によると、二〇〇五年の国政選挙の前、およそ二〇〇〇人の国会議員及び県会議員の立候補者が、非合法武装組織のリーダーと認定された。そのうち三〇人は後で間違いということで取り消されたが、残りの立候補者のうち、一二四人がＤＩＡＧの要請に応じて武装解除に協力し、全部で約四八〇〇の武器が回収された。一方、協力しなかった立候補者三四名は、選挙への出馬が取り消された。この事実は、ＩＳＡＦの『ＰＲＴハンドブック』にも成果として紹介されている。アマダザイ氏も「ＤＩＡＧにとっては大きなステップになった」と、この年の成果を強調した。選挙の後ＤＩＡＧは、まだ残っている一六〇〇もの非合法武装組織の解体に挑むことになった。

アマダザイ事務局長は、ＤＩＡＧがまさに「アフガンの治安セクター改革の核」だと強調した。地方の武装組織から武力を奪うことで、中央政府が指揮するアフガン警察やアフガン軍が、新たに作られる司法組織（裁判所）と一緒に治安を統制する。こうした「中央政府のもとで一元化された治安機構」を作る上で、ＤＩＡＧは中心的なプログラムということになる。

ＤＩＡＧの実施方法の大きな特徴は、「武装解除」と引き替えに、その地域に対する開発援助を行うことである。これによって、非合法武装組織の司令官に、自主的に武器の放棄を行うことを促している。

具体的には、まずカブールにあるＤＩＡＧ中央事務局が、どの郡を対象にＤＩＡＧを始めるかを、県とも相談した上で決定する。（アフガンには三四の県があり、それぞれの県に、一〇前後の郡が存在する。）対象とする武装組織が一七〇〇と多く、全国くまなく一斉に行うことが困難なため、それぞれの県の中で比較的治安がよく、政府に対して好意的な郡から進めることになった。

そしてＤＩＡＧ担当官が、対象となった郡の中にある非合法武装組織が、全部でどれだけ武器を所有しているか、様々な情報から推定する。その上で、指定された武装組織の司令官一人ひとりに会い、武器を放棄して政府に提供するよう説得を開始する。司令官が武器の放棄に応じ、郡全体の武器数の七五％以上が回収された場合、中央政府は、その郡に対し、一五〇〇万円（一五万ドル）を上限とする開発プロジェクトを実施すると約束するのである。

ＤＩＡＧでは、武器を放棄した司令官個人に対して報酬を与えることはない。その主な理由は、お金を払えば、そのお金を使って再度武装することが十分考えられることだった。逆に、郡全体に開発プロジェクトを実施すると約束することで、一般の人々から司令官に圧力が高まり、それに応じて司令官が自主的に武器を放棄することが、この政策の狙いだった。

DIAGのアフガン責任者，マスーム・スタネグザイ大統領顧問(カブール)

D&R委員会の責任者で大統領顧問でもあるスタネグザイ氏は、博士の肩書きを持ち、誠実な人柄で知られる人物でもある。スタネグザイ氏は、「DIAGは、非合法武装組織から武力を奪い、政府が、『開発』と『安全』を人々に供与できるという『信頼』を確立する上で、決定的に重要だと考えています」とDIAGの意義を強調した。まさに「政府に対する信頼性を高め、その正統性を構築する」ことがDIAGの狙いであることが分かる。

これまでの実績

こうしてDIAGは始まった。DIAGは、まず比較的治安のよい、アフガン中央部、北部、西部などで、武装解除を進めることを決めた。南部など政府のコントロールがあまり及んでいない地域で武装解除を行うことが、困難を極めることは明らかだったからである。

設立されて三年たった二〇〇八年八月末の時点において、DIAGは、武装組織を解体し、武器を回収する点では、一定の成果をあげている。この時までに、一七〇〇の非合法武装組織のうち、三六三の組織が解体され、四万一一八三の武器と、三万余りの弾薬が回収された。DDRに引き続き、DIAGも担当する国連側の組織「アフガン新生プログラム」のトップ、デービッド・ウィルソン氏は、「三年間で三六三の武装組織を解体したことは、決して悪い結果ではない」と私に語った。

しかし、DIAGの前途には多くの課題がある。まず、アフガン全体の武器の量と比較した際のDIAGのスピードである。アフガン全体に、一体どれだけの武器が所有されているのか統計がないので分からないが、一億個とも二〇億個とも言われている。二三年におよぶ内戦でアフガン人の多くが武装した結果である。たとえ五億個と仮定しても、全部の武器を回収するには、今のペースだと一〇〇年以上かかってしまう。(アフガン政府は新たに銃規制法を制定し、政府に届け出て認められた場合、一人あたり一丁から数丁の武器の所有が認められることになった。それでも、残りの武器回収に、膨大な時間がかかることは間違いない。)

さらに深刻なのは、タリバンなど反政府武装勢力の支配地域が拡大し、地方の軍閥に武装解除を要求することが次第に難しくなっていることである。この問題に対処するためには、警察や軍の整備を武装解除と同時に進めることや、タリバンなど反政府勢力との和解を大胆に進めることなど、より包括的なアプローチが必要であり、そのことは後で詳述する。

このように多々の課題はあるものの、ＤＩＡＧそのものを着実に進めていくことは、平和構築全般にとって効果があると私は考える。一つには、これまで地方をコントロールしていた司令官が武器の放棄に応じることは、地元住民に「司令官までもが政府の要請に応じている」という事実を示すことになり、住民の政府機能への信頼が増すこと。さらに、武器放棄の見返りとして政府による開発プロジェクトが迅速に実施されれば、現政府への信頼が高まるからである。

さらに住民の間に、ＤＩＡＧの実施に対する幅広い支持がある。私がアンケート調査を行った三県では、圧倒的な人たちが「武器の放棄と交換に、地域に一定の開発プロジェクトが行われる以上、司令官は武器を放棄すべきだ」と答えた。具体的には、ワーダック県とキャピサ県で九七％以上の人が、そしてまだＤＩＡＧが実施されていない南部のカンダハール県でも、住民のおよそ八割がＤＩＡＧを支持し、「司令官は武器を放棄すべきだ」と答えている。こうした住民からの期待がある以上、少しずつでもプログラムを実施していくことは重要であろう。

司令官たちに聞く

それでは、ＤＩＡＧを着実に進め、政府の信頼を高め、治安の向上につなげていくためにはどうすればよいのか。これを考えるために、私は、既にＤＩＡＧの対象に指定されたキャピサ県内の二郡（コヒスタン・ワン郡とコーバンド郡）、ワーダック県の二郡（マイダンシャー郡とジャルリッツ郡）を対象に、ＤＩＡＧに応じた司令官と応じなかった司令官双方、あわせて一二人に個別インタビューを行い、それぞれの動機を知ろうとした。

前述したように、キャピサ県の二郡はいずれもタジク人地域であり、ワーダック県の二郡はパシュトゥーン人地域である。そして、キャピサ県の二郡、コヒスタン・ワン郡とコーバンド郡、さらにワーダック県のマイダンシャー郡は、既にＤＩＡＧの求めに応じ、七五％以上の武器が回収された郡であった。一方、ワーダック県のジャルリッツ郡は、三年以上前にＤＩＡＧの対象になったにもかかわらず、全く武器が回収されていないとされている郡であった。私がこの四つの郡で比較分析を行った理由の一つは、ＤＩＡＧに対する協力の違いが、はっきりしていたことにあった。

それでは、ＤＩＡＧに応じた司令官たちの動機は何だったのだろうか。ＤＩＡＧに応じたキャピサ県二郡のタジク人司令官と、ワーダック県「マイダンシャー郡」のパシュトゥーン人司令官へのインタビューを基に私が分析した結果は、主に次の三点であった。

応じた理由①　経済的な動機

ＤＩＡＧに協力した司令官が口を揃えて主張した一番の動機は、なんといっても、求めに応

ハッサン・ウディン司令官
（キャピサ県）

じて武器を放棄すれば、彼らの地域に開発プログラムが来ると約束されたことにあった。キャピサ県コーバンド郡において、およそ三〇〇人を配下に置くというハッサン・ウディン司令官は、六〇〇個に及ぶ武器の放棄に応じた理由を、次のように語った。

「まず最初の理由は、もう戦争が本当に嫌になったことです。そして二番目の理由は、もし私たちが武器を放棄すれば、私の地域の人たちにとって重要な開発プロジェクトが、実施されると思ったからです。私は常に、地域の人々のことを一番に考えています。ですから、ＤＩＡＧに応じた方がよいと考えたのです」

ＤＩＡＧに応じて武器を放棄した司令官の全てが、この「開発プロジェクトの誘致」を主要な動機にあげた。先ほどのアンケート結果で圧倒的な住民が「武器を放棄すべきだ」と答えていることからも、司令官にとって住民の期待に応えることが、大きな動機になっていることが推察される。

この背景には、スタネグザイ氏などＤＩＡＧ幹部の意向で、実際に七五％の武器が回収される前に、ＤＩＡＧの対象になった郡において「もし武器回収が目標に達成したら、何を開発プロジェクトに選ぶか」という議論を開始するようにしたことがある。この方式を採用したことで、多くの住民が、旧軍閥の司令官が武器を放棄すれば、自分たちの地域に開発プロジェクトが来るということを知るようになった。これが、司令官にとって大きな圧力になった。実際、この方式を採用してから、DIAGに応じる司令官の数が全国的に増えた。その意味で、スタネグザイ氏らの戦略はそれなりの効果をあげていると言える。

応じた理由② 政治家への転身

もちろん、武器放棄に応じた司令官も単に「住民のためになる」という利他的な動機だけで、武器放棄に応じたのではない。武器放棄に応じた司令官のほとんどが、次回の選挙において、県会議員や国会議員への転身を考えていることを、隠そうとしなかった。コヒスタン・ワン郡で、およそ六〇〇人を率いてタリバンと戦ったというラエ・シャー司令官は、「私を支持する多くの人々が、次回の選挙において、国会議員か県会議員候補として立候補して欲しいと私に言っています。そして、私が積極的にDIAGに応じたことを、住民の多くは非常に嬉しく思い、私に感謝しています」と語った。また前述のウディン司令官も、「多くの私の支持者が、次回の県会議員選挙に立候補するよう求めています。ですから、もう立候補することを決意しています」と野心を隠すことなく話した。

このことは、司令官がＤＩＡＧに応じた重要な理由に、「軍事勢力のリーダー」から「民主主義国家における政治的リーダー」にアイデンティティを転換したいという、強い動機があることを表している。つまり、紛争地域で新たな国づくりを行う際、こうしたアイデンティティの転換（いわゆる社会化＝Socialization）が、新たなルールを受け入れる上で、重要な理由になっていることを示している。

こうしたアイデンティティの転換が行われることは、平和構築が定着し、政府が正統性を確立していく上で重要だと私は仮説していた。なぜなら、これまで支配地域の拡張など軍事的な目標に固執していた軍事リーダーが、民主的な政治制度を受け入れた政治家として自らのアイデンティティを変え、住民からの支持拡大や、選挙での当選などを目標に据えることは、民主的な方法でものごとを解決する（つまり武力ではなく平和裏に解決する）風土が根付く上で、欠かせない要素だと考えるからである。

アフガンにおいても、こうしたアイデンティティの変化の萌芽が見られたことは、貴重な発見だった。しかし後に見るように、政府が約束した「開発プロジェクト」の実施が大幅に遅れることにより、せっかくのアイデンティティの転換が阻害されているという現実も、あわせて明らかになるのである。

応じた理由③ 国連の関与

ＤＩＡＧを受け入れ、武装解除（武器の放棄）に司令官が応じた三番目の主な理由は、国連の関与であった。私がインタビューしたＤＩＡＧに応じた司令官は全員、「武器の放棄に応じた一つの理由は、国連のスタッフが、政府のスタッフと一緒に我々を説得したからだ。だからこそ我々は、武器を放棄した後、約束通り開発プロジェクトが実施されると信じたのだ」という趣旨の話をした。コヒスタン・ワン郡のメラジ・ウディン司令官は、「私は今の政府を信用していないので、政府のスタッフだけが来たら決して武器放棄に応じなかった。普段からつきあっている国連の現地スタッフが来て、一緒に説明をしてくれたので、ＤＩＡＧに応じることを決意したのだ」と語った。この事は、国連など第三者機関が、中立で信用できるアクターとして関与することが、紛争後の地域で政治プログラムを進める上でいかに重要か、明瞭に示している。

こうした司令官が国連に対して持っている「信頼」は、アフガンの一般の人々の国連への見方に支えられている。私のアンケート調査では、「アフガンで新国家を構築する上で、国連は、他の国々よりも信頼できる」と答えた人が、キャピサ県で九九％、ワーダック県で九五％、カンダハール県でも八〇％に上った。その主な理由として多くの人が、「国連（ミッション）は国連安全保障理事会の決議で設立されたから」「国連には、一つの国ではなく多くの地域から来たスタッフがいるから」「国連はアフガンの各勢力に対して、より公平だから」等をあげている。実際に私が「なぜ国連の方が信頼できるのか」と質問をなげかけた時も、多くの村人が「国連は多くの国が集まってできている機関だから、一つの国の利益を追求していない。だから他の国よりは信用できる」と答えた。

こうした意見をアフガンの一般の人たちが持っていることは、少し驚きであった。が、アジア財団の調査によれば、アフガンではほとんどの人が、夜になるとラジオのニュースに耳を傾けることを日課にしており、特に英国BBCの現地語（ダリー語やパシュトゥーン語など）放送を聞いている人が多い。つまり毎日の政治状況を見ながら、明日我が家に来るかも知れない反政府勢力の人たちや政府職員にどう対応するか、自らの生存をかけて判断しなければならない。その意味で、アフガンの人たちの政治意識は非常に高いものがある。国連に対する意識でいえば、アジア財団が二〇〇四年に行った調査においても、アフガン全土で八六％の人が「国連に対して好意的な見方を示している」ことが明らかになっている。

国連が一般の民衆や司令官の間で信頼を得ていることは、アフガンにおける貴重な財産である。そして国連スタッフは、外国人ばかりではない。実はその多くが現地スタッフによって構成されている。たとえば「国連アフガン支援ミッション」は、総勢一〇〇〇人のスタッフをアフガン全土に配置しているが、その八割が現地のアフガン人スタッフである。こうした現地スタッフが、人道援助も含め長年アフガン人を支援してきたことが、現地の人々の信頼をつなぎとめている源になっている。この政治的財産をどう活かせるかが、今後の平和構築の大きな課題であろう。

ＤＩＡＧを拒絶する理由は

一方、司令官がＤＩＡＧへの協力を拒絶する場合、それはどんな動機によるのか。私は、まだ一つの兵器もＤＩＡＧに提供されていないワーダック県ジャルリッツ郡出身の司令官や、国防省出身のＤＩＡＧ担当官、そしてジャルリッツ郡選出の県議会議員で、ワーダック県議会の議長も務めるモハメッド・ジャナン氏などに話を聞いて回った。その結果、主に次の三つが、ジャルリッツ郡の司令官たちがＤＩＡＧを拒否するようになった理由、と結論づけた。

拒んだ理由①　信頼の失墜

一つめの理由としては、ジャルリッツ郡の司令官の間でＤＩＡＧに対する不信が大きくなったことが挙げられる。実はジャルリッツ郡では、ＤＩＡＧがスタートした二〇〇五年に、およそ六〇〇の武器と一〇〇〇におよぶ弾薬が放棄され、政府に渡された。しかし、こうした武器の回収が、ＤＩＡＧの武器の放棄として認定されなかったのである。

DIAGに対する武器放棄として認定されなかった一番の理由は、武器が放棄された時期が、DIAGが正式に始まる一か月前だったため、これをDIAGへの武器提供と見なすことを、政府が見送ったことにある。しかしジャルリッツ郡の司令官たちは、当然DIAGへの武器放棄と認定され、何らかの見返りが郡に対してあると考えていた。この相互の誤解が、DIAGへの信頼を失墜させたことは否めない。

ワーダック県議会議長，モハメッド・ジャナン氏(左)と著者

この間の経緯について、ワーダック県議会議長であるジャナン氏は語った。

「私たちはDIAGの前途には楽観的でした。もう戦争には飽き飽きしていたし、武器を放棄して開発プロジェクトを得ることは、地域にとってもよいことだと思ったからです」

「ですから私自身、司令官の家を一軒一軒回って、『武器を放棄すれば地域に対してよい見返りがあるから』と説得して回りました。その結果、六〇〇もの武器を集めることができました」

「しかし、こうした武器は、何らかの理由で〔ジャナン氏はその理由を納得していなかった〕認定されていないのです。そのため何の開発プロジェクトもジャルリッツには来ておらず、そのことで司令官はもう協力する気をなくしてしまったのです」

ジャルリッツ郡で、二〇〇五年に多くの武器が放棄されたことは事実のようである。ワーダック県のＤＩＡＧに関わった多くの国連職員がそのことを証言し、また、ジャルリッツ郡出身の司令官で実際に武器放棄に応じ、現在、アフガン中央政府の治安部門の高官として働いている人物も、実際に武器を受け取ったことを政府が証明した書類を私に示し、武器の放棄が実際に行われたことを強調した。そして、「未だに、なぜ回収された武器がＤＩＡＧに認定されていないのか分からない」と嘆いた。

このすれ違いが、ＤＩＡＧを行う政府と国連組織全体に対する不信につながり、それがその後のＤＩＡＧの受け入れに悪影響を及ぼしたことは間違いない。

拒んだ理由② 経済状況の悪化

その後、ジャルリッツ郡においては治安の悪化が進み、政府職員や国連職員も立ち入りができなくなった。雇用の状況も悪化し、四三％のジャルリッツの住民が、「三年前に比べ雇用状況が悪化した」と答えている。

そのような状況下で司令官は、DIAGに応じるよりも、武器を売って所得を得ることを選ぶようになった。ジャナン氏の話では、アフガンの主要武器であるソ連製カラシニコフを一丁売ることで、約六〇〇ドルの収入になる。DIAGに協力しても見返りがないと強い不信感を持ったジャルリッツ郡の司令官たちは、むしろ闇市場で武器を売るようになった。

拒んだ理由③ タリバンの拡大

実は、ジャルリッツ郡では、DIAGが始まる前に行われたDDRにも協力し、多くの武器が政府に提供されていた。一方でアフガン警察やアフガン軍の配備は進まなかったため、タリバンなど反政府武装勢力の拡大が急速に進み、治安が悪化した。

ジャルリッツ出身で現在アフガン中央政府の高官を務める前述の元司令官は、「ジャルリッツ郡では、軍備解体を進めた後に力の空白が生まれて、タリバンの浸透が進んだ。今では私自身、ジャルリッツ郡に戻ることができないのです」と悲しそうに語った。

ある国連現地スタッフは、幹線道路からジャルリッツ郡の方を指さし「もうあそこは、彼らの王国だ。我々は立ち入ることすらできない」と諦めたように話した。

治安の悪化が進む中で、司令官を説得する難しさについてジャナン県議会議長は、次のように語った。

「今ジャルリッツ郡の司令官は、これ以上武器を放棄したら、タリバンから自分たちを守ることができないと、真剣に怯えています。私も正直、この点については彼らに同情します」

以上をまとめれば、①放棄された武器の認定をめぐって生まれた不信感、②経済的困窮、③治安の一層の悪化、という要因が重なり合い、ジャルリッツ郡の司令官がDIAGに応じなくなったと考えられる。

今後どう進めていくか

以上のように、DIAGに従った司令官の動機や、拒絶した司令官の動機を分析すると、今後どうDIAGを進めるべきかが見えてくる。

まず第一に言えることは、現在のように治安の悪化が進む中で、政府や国際部隊の武力によって地方の司令官に武装解除を強制することは、決して得策ではないことである。実際にタリバンなど反政府勢力の脅威にさらされている以上、強制力で武器を回収することは、大きな反発を呼び、かえって反政府武装勢力の側に、彼らを追いやる可能性がある。

治安が改善され、警察や軍の配備が進み、地方の軍閥が「開発プロジェクト」に魅力を感じ、自発的に武器を放棄するようになることが望ましい。実際これまでもDIAGは、説得による自発的な武装解除を基本方針にしてきた。

治安の悪化に対応する動きが、DIAGの側からも出て来ている。DIAG事務局長アマダザイ氏の話によれば、〇八年、北西部のバドギス県の多くの司令官が、DIAGに応じて八〇〇もの武器の放棄に応じると伝えてきた。しかしその後タリバンの地元への侵攻が進んだため、「武器の放棄を待って欲しい」という訴えが司令官から出された。

DIAGの側では、この訴えを認める処置をとった。具体的には、一度その武器を政府の方で登録し、「将来タリバン勢力がいなくなり、アフガン軍や警察が展開し、治安の維持が可能になったら武器を政府側に戻す」という約束を取りつけた上で、地元の司令官が、タリバンがいなくなるまでの間、武器を保持することを認めるというものだった。

こうした施策は、地域の武装勢力(軍閥)と良好な関係を維持しながら、長期的に治安セクターの改革を進めるための現実的な方法として、認めていかざるを得ないと思われる。一方、DIAGによって武器の放棄を進めるにあたっては、アフガン警察、軍、そして司法の整備を進め、力の空白を埋める努力を、相当な覚悟を持って実行しなければいけない。DIAGの国連側の組織「アフガン新生プログラム」の責任者ウィルソン氏は、「DIAGは治安セクター改革の一環であり、武装組織の解体と同時に、アフガン軍や警察の配備を有機的に進めなければならないのに、一向に進んでいない。それが最大の問題だ」と私に訴えた。

たとえ時間がかかっても、治安セクター全体の整備を行いながら、武装解除を進めること。

ことばには、

岩波書店
出版お知らせ

2009.6

■定価は消費税5％込みです。
■表示した発売日は小社出庫日です。

〒101-8002
東京都千代田区一ツ橋2-5-5
http://www.iwanami.co.jp/

々

「家々」や「正々堂々」のように漢字・単語を重ねて複数や強調を表現できるのは日本語の便利なところ。それゆえ出番の多い「々」だが、実は漢字ではなく繰返し符号の一つで、「同の字点」または「ノマ点」と呼ぶ。『広辞苑』によれば、前者の名は「々」を「仝(同)」の草体とする説から来たという。後者は符号の形を二つに分解すれば「明々白々」。

『広辞苑』を散歩する 19

一方で、武器の回収目標が達成された地域では、約束した「開発プロジェクト」を速やかに実施し、政府と司令官、政府と地元住民の間の信頼を醸成することこそ肝要であろう。こうした実績を積み重ね、DIAGの評判・評価を高めることで、今後DIAGの対象になる地域の武装解除が、自主的に進むことが重要と考える。

開発プロジェクトの遅れ

しかしDIAGを通じて「信頼」を培っていく上で、決定的に重要であるはずの「開発プロジェクトの実施」が大きく遅れていることを、私はこの調査の過程で知った。

それは先に述べたジャルリッツ郡の話ではない。すでに七五％以上の武器放棄が完了したと正式に認定され、「平和を達成した郡」だと政府による宣言まで行われたキャピサ県コヒスタン・ワン郡とコーバンド郡で、開発プロジェクトの遅延が起きているのだ。この郡出身の司令官はみな、「もう武器を放棄して一年以上たつのに、約束された開発プロジェクトが全く来ない。どうなっているのか。私たちは強い怒りを覚えている」と話した。その中の一人メラジ・ウディン司令官は、怒りに震える表情で次のように語った。

「私は、DIAGに騙されたと確信している。一向に開発プロジェクトは実施されない。私は自分の部下たちから『プロジェクトのお金を横領したのでは』と疑われているのだ」

この事態を受け、キャピサ県の司令官たちは「司令官組合」を結成し、自分たちの要求を政府に突きつける準備を進めていた。国連アフガン支援ミッションのキャピサ県担当の現地スタッフは、「非常に憂慮すべき事態です。こうした司令官は地元で大きな力を持っているのです。せっかくDIAGに協力してくれたのに、彼らの信頼を裏切り続けることになれば、こうした地域全体を、敵に回してしまいます」と打ち明けた。

私もこの司令官たちの不満と行動に驚き、キャピサ県で、司令官への説得を担当しているアフガン人スタッフのBさんに話を聞き、この「開発プロジェクトの遅延」について質問した。Bさんは思い詰めたように話した。

「この『開発プロジェクトの遅れ』は、DIAGのプロセス全体を破壊しかねない状況です。私は現在、別の郡でDIAGに応じるよう説得を開始していますが、司令官はみな『私たちは、コヒスタン・ワンやコーバンドで、武器を放棄しても全然開発プロジェクトが来ないことを知っている。私たちは騙されない』と言って、私の説得にもう耳を貸してくれないのです」

アフガン全土で問題化

果たしてこの「遅れ」はキャピサ県だけの問題なのか。私はカブールに戻った後、関係者に話を聞いて回った。その結果、この事態がアフガン全体の問題であることを知った。

武器の放棄が行われ、ＤＩＡＧ中央事務局が、開発プロジェクトの実施を担当する「農村復興開発省」に対し開発プロジェクトを行うよう要請したアフガン全土四三の郡のうち、実際にそれが完了した郡は、私が調査した〇八年六月の時点で、わずかに二つしかなかった。

そして、多くの郡で、「プロジェクトの選定」すらできず、プロジェクトの工事に入ることができていないことも分かった。ＤＩＡＧを担当する国連組織「アフガン新生プログラム」はＵＮＤＰの配下にある。ＵＮＤＰの幹部は、「ＤＩＡＧの開発プロジェクトの遅延は、いま危機的な状況を迎えている。現在、農村復興開発省などと真剣な話し合いをし、なんとか実施を早めるよう、懸命に努力している」と語った。

たしかに、約束した開発プロジェクトの実施が遅れて、地元の司令官や住民が「騙された」と感じるようでは、「治安と開発を通じて信頼を構築する」という本来のＤＩＡＧの狙いに反し、逆に「不信を拡大していく」結果になりかねない。しかも、ＤＩＡＧは比較的政府寄りの地域から始めて、徐々にそうでない地域に広げるようにしているため、開発プロジェクトの遅れは、いま政府寄りの地域において、政府への不信を広げる結果になってしまう。

なぜプロジェクトは遅れたのか

一体なぜ、このような遅延が生じているのか。私は再びキャピサ県に戻り、キャピサ県知事や、開発プロジェクトを実施する責任をもつ「農村復興開発省」のキャピサ県担当者など、関係者に手当たり次第インタビューを行い、原因を追求しようとした。特にキャピサ県コーバンド郡は、〇七年初頭には、七五%の武器放棄が終了しているにもかかわらず、一年半たっても「プロジェクトを選ぶこと」すらできていないという、アフガン全体でも最も遅れが著しい郡であった。

そうした調査の結果、主に以下の三つが遅延の理由であることが分かった。

遅れの原因① プロジェクト選定過程

遅れの最も大きな原因は、多くの郡で、DIAGの上限額である「一五〇〇万円」を超えるプロジェクトを、地域の代表が選択したことにある。そのため何か月もかけてコストを計算した後になって、「諦めて欲しい」と伝えるケースが続出した。

たとえばコーバンド郡では、二〇〇七年初頭には、どんな開発プロジェクトを選ぶか、「コーバンド郡開発会議(District Development Assembly)」で話し合いが始まった。「郡開発会議」は、村単位の開発評議会の代表によって構成されているもので、今アフガン全土で作られている。通常DIAG開発プロジェクトの選定は、この「郡開発会議」が行う。

コーバンド郡の「郡開発会議」では、DIAGの開発プロジェクトの施行を担当する農村復興開発省のＡさんが、プロジェクトを決めるためにと、リストを提示した。そのリストは、ＤＩＡＧとは別途に、現在アフガン全域で策定が進められている「郡開発計画」のために作られたリストであった。

この事は、必ずしもＡさんのミスとは言えない面がある。ＤＩＡＧのガイドラインに「郡開発計画（またはこれを国レベルで総括している国家地域開発計画）など、別の開発プログラムと連携してＤＩＡＧ開発プロジェクトを実施すること」と明記されているからである。

しかし問題は、この「郡開発計画」が、五か年ともいわれる長期計画のため、リストにあるプロジェクトのいずれもが大規模なプロジェクトであり、コストが高いことであった。しかもプロジェクトの選定にあたって、Ａさんをはじめ「農村復興開発省」のスタッフは、コーバンド郡開発会議のメンバーに対し、ＤＩＡＧの開発プロジェクトの上限額を伝えなかった。

その理由をＡさんに聞くと、Ａさんは率直に、「ＤＩＡＧの一五〇〇万円という予算規模は、郡の開発プロジェクトとして大きいものではありません。正直に伝えた場合、司令官が武器を出す動機にならないのでは、と怖れたのです」と話した。

コーバンド郡開発会議では、この長期開発計画のリストから道路開発を選択し、それをＤＩＡＧ中央事務局に伝えた。しかし、四か月たってコストを推定したところ、「一億円以上の費用」がかかることが判明した。上限が一五〇〇万円のＤＩＡＧ予算では、とても賄えない。

そこで、反麻薬プログラムと連携できないかと考えたが、趣旨が違うと、反麻薬プログラムの方から断られた。ここでまた時間を浪費した。結局、「道路建設は無理」と郡開発会議のメンバーに話さざるを得なかった。

コーバンド郡開発会議は、再度の話し合いの上、今度は学校建設を要請した。しかし、この学校建設も上限をオーバーすることが分かり、結局、挫折した。そうこうしているうちに、一年半という時間が浪費された。その結果、コーバンド郡の司令官たちは「騙された」と、不信感と怒りを募らせることになったのである。

こうしたケースはコーバンド郡だけでなく、多くの郡で、開発プロジェクトを要請した後、実際にコストを出したところ、上限をはるかにオーバーし、再度プロジェクトを選んでもらう状況が起きていた。プロジェクト選定過程のまずさが、開発プロジェクトの遅れの大きな原因になっていることは明らかだった。

遅れの原因② スタッフ不足

二つめの理由は、「DIAG は武装解除のプログラム」という認識が強く、実施側に「開発プロジェクト」を速やかに実施する体制が、取られていないことがあった。たとえばコストの推定作業は、十分なスタッフがいれば、一か月もあれば終わるものである。しかし、DIAG

開発プロジェクトの場合、農村復興開発省でコスト推定ができるスタッフが不足しており、コストの推定だけで、四か月近くかかってしまうという実情があった。

さらにコストの推定が終わった後の「調達」や「計画」「実際の建設作業」などについてもスタッフが不足し、速やかなプロジェクト実施が困難な状況であった。これについては、農村復興開発省でも問題視され、私がアフガンにいた当時、新たに四人のスタッフがＤＩＡＧ開発プロジェクトの専属となったが、さらなる拡充が必要であると思われた。

遅れの原因③　統括責任者の不在

もう一つの原因として、ＤＩＡＧの実施には多くの組織が関わっているが、それを統括して責任を取る主体がないことである。

たとえば、それぞれの県におけるＤＩＡＧの全体的な指揮は、県知事を長とする「ＤＩＡＧ県委員会」が責任を持つことになっている。そして司令官への説得は「アフガン新生プログラム」の担当者が行う。一方、開発プロジェクトの実施は、「農村復興開発省」の担当者が行う。そして「国連アフガン支援ミッション」は、ＤＩＡＧ全体のモニタリング（監視）をすることになっている。

本来、県知事自身がＤＩＡＧの全体を指揮し、強いリーダーシップを発揮すべきであるが、

「そういう意志が感じられない」とDIAGに関わるスタッフの多くが話した。ある国連職員は、私に次のようにささやいた。

「DIAGの開発プロジェクトは、ISAF(国際治安支援部隊)やアメリカ軍主導の『地方復興チーム(PRT)』に比べ、ずっと規模が小さいんです。だから、いくらDIAGの開発プロジェクトが遅れていても、『地方復興チーム』が別途にプロジェクトを提示したら、知事の関心はそちらにいってしまいます。実際、そういう事態がここでも起きています」

このあたり、複雑にいろいろな組織が支援に関わっていることの影響を感じざるを得なかった。もし一つの主体が有機的に支援を行えば、まずDIAGのプロジェクトが終わってから、別の開発プロジェクトを提示することも可能だろうが、アフガンではそうはならないのである。

また実際に司令官に説得をしているスタッフと、開発プロジェクトを担当するスタッフの間で、危機感に大きな温度差があると感じられた。司令官を説得したスタッフは、「このままプロジェクトが来ないなら、ただじゃおかない、と司令官から脅されることもある。彼らも必死なんです」といって、危機感をあらわにしたが、司令官に武器の放棄を説得したわけではない開発担当のスタッフは、そういう危機感を持っていなかった。またキャピサ県の知事にもインタビューして、この遅れの問題について聞いたが、「私も農村復興開発省の担当者に毎日電話しているが、らちがあかないんだ」と少し眠そうな顔で繰り返すのみであった。

改善への提言

こうした調査の結果を受け、私は〇八年九月、国連本部ＰＫＯ局向けに、アフガンの平和構築全体に関するリポートを提出し、政策提言を行った。それは、ＰＫＯ局のウェブサイトに掲載され、私自身、ＰＫＯ局で発表も依頼された。またカイ・エイド国連アフガン特別代表が「リポートは、アフガン支援ミッションの今後の戦略を練る上で極めて貴重なものである」と評価してくれたこともあり、国連アフガン支援ミッションやＵＮＤＰ、日本やカナダなど各大使館、農村復興開発省をはじめとするアフガン政府機関など、多くの関係機関に配布された。

そのリポートの中で私は、右のような分析を紹介した上で、「現在の治安状況の中では、強制的な武器回収は効果的とは言えず、むしろ迅速な開発プロジェクトの実施により、ＤＩＡＧの評価を高めることで、自主的な協力が広がることが望ましい」と強調し、開発プロジェクトを迅速に実施するために、以下のような提言を行った。

（一）最初にプロジェクトを選ぶ段階で、予算の上限を超えないプロジェクトを郡開発会議に選んでもらうことが、速やかにプロジェクトを実施する上で不可欠である。そのために「ＤＩＡＧ中央事務局で、予算内で実施できると予想されるプロジェクトのリストを作り、それを全国のＤＩＡＧ実施地域に配布し、その中から選んでもらうことで、選定ミスを未然に防ぐことが重要である。あわせて、なるべくプロジェクト選定の会議に技術者も同席し、コストがどれほどかかりそうか、見通しを共有することも効果的だ」とした。このような方策をとることで、実施可能なプロジェクトを最初から選定することが可能になると主張した。

(二) DIAG開発プロジェクトのコストの推定や、その後の計画、調達、工事の実施などを速やかに行えるよう、それぞれについて専門のスタッフを配備し、とにかく武器の放棄が終わったらすぐに、プロジェクトが実施できるようにする。

(三) またDIAGについては、「国連アフガン支援ミッション」が、これまでのモニタリングの役割を脱し、その全過程を「統括する」ことが重要であるとした。

その理由は、DIAGは地方の有力な司令官を巻き込んだ極めて政治的なプログラムであり、政府や国連組織が約束したプロジェクトが、長期間にわたって実施されないことは、政治的な悪影響が極めて大きいからである。既に見たとおり、司令官は、政府だけでなく、「国連も関与しているから」という理由でDIAGを信用し、武器を放棄している。そうである以上、国連が責任を持って約束を果たしていくことは、その信頼を維持し高める上でも決定的に重要である。

実際コーバンド郡のプログラム選定は、いろいろな当事者が錯綜し、どうにもならなくなった後、国連アフガン支援ミッションの担当者が、モニタリングという役割を脱し、自ら調停を行った。これ以上の遅れは、決定的な不信を司令官に与えると考えた彼は、上司の了解を得た上で、自らの任務のすれすれのところで、仲介を行ったのである。その結果、コーバンド郡のプロジェクトは一年半たって、ようやくプログラムの選定の終了をみた。この事は「まだアフガンでは一定の信頼を得ている」国連組織が、特に政治的なプログラムにおいて、責任を貫徹することがいかに重要かを物語っている。

外部アクターの責任

もちろん、スタネグザイ氏が強調するように、DIAGは「アフガン人による主体的なプログラム(Local Ownership)」でなければならないというのは、原則論としてはそうである。国連や外国の主体が、武器の放棄を押しつけていると感じられることは、事業の推進に悪影響があるからである。だからこそ、最初の計画作りでも、個々の司令官の説得を行う段階でも、アフガン人が主体的に参加し、推進することは不可欠である。

しかし一方で、地方のリーダーや住民との信頼を構築する上で決定的に重要な「約束したプログラムの実施」が遅れるという致命的な欠陥を、「これはアフガン人の問題だから」と見すごしていいことにはならない。紛争後の地域で、軍事的・政治的リーダーが政治プログラムを受け入れる重要な理由が、「国連など公平な第三者機関が介入しているから」だとすれば、関与した国連機関や外部機関が、その実施に責任を持たなければ、せっかくの信頼が崩壊してしまう。

コーバンド郡でも見られた「DIAGの上限額を伝えずに開発プロジェクトを決めた」ことなどは、実現可能性のないプロジェクトを提示して、それをもって武器を放棄するよう説得し、その上で「出来ません」と伝えることであり、実質的にも「騙す」ことに近い。それは、「政府の正統性」を構築する上でも、致命的なミスであることは、間違いない。多くの郡が、上限額をはるかに超えるプロジェクトをDIAG中央事務局に要求し、後に断念していることは、この状況がコーバンド郡にとどまらないことを示している。

こうしたミスを、アフガン人スタッフの未熟さに帰結するのはたやすい。しかし、二三年に及ぶ内戦で教育制度も官僚制度も崩壊した国が再建の道を歩む時、現地の人だけでは復興が困難であるからこそ、外部のアクターが、特に初期の段階において、深く関わる必要が出てくるのだ。あくまでアフガン人の主体的な決定と参加を尊重しながら、国連など外部組織が責任を持ってプログラムを実施し、現地政府の信頼を構築していくことの重要性を、DIAGの例は端的に伝えている。

日本の関わりとこれから

ＤＩＡＧの実施は、その開発プロジェクトを含め、ほとんどの経費が日本の資金提供によって行われている。こうした支援が「不信の拡大」でなく「信頼の拡大」につながるよう、日本としても、武器の放棄だけでなく、その後の開発プロジェクトが迅速に実施されるように、スタッフの拡充など一層の経済的支援を行うことは、ＤＩＡＧの効果を高め、政府の信頼と正統性を高める上でも極めて重要だと思われる。

幸い、〇八年五月にアフガンに就任した佐藤英夫日本大使は、私のものを含め様々な提言を受けとめ、開発プロジェクトの迅速な実施に向け、ＵＮＤＰやアフガン政府とも調整し、真剣な努力を継続されている。こうした動きを、日本の国会や外務省がより強力に支援し、推し進めることが期待される。

一方で、ＤＩＡＧの改善と着実な実施は、政府の信頼を高める上では大きな意義をもつが、タリバンをはじめ、反政府武装勢力そのものを抑制することには、直接つながらない。タリバンなど反乱軍は、明確な政治的意志を持って、政府やアメリカ軍への攻撃を増加させ支配地域を拡大しており、ＤＩＡＧの直接の対象にも、まだなっていないからである。しかし、このタリバンをはじめとする反政府武装勢力の問題に根本的なメスを入れない限り、アフガンの平和構築を達成することは不可能である。

次章では、この反政府武装勢力の攻撃と活動にどう対応すべきかを考える。特にいま焦点となっている「タリバンとの和解の問題」を中心に、分析と提言を行う。この「和解の問題」こそ、日本と国連が、最も大きな役割を果たせる可能性がある分野だと私は確信している。

第5章

タリバンとの和解は可能か

― アフガン（3）―

地域開発評議会（CDC）プロジェクトの現場で（キャピサ県，2008年6月）

「和解」についてのコンセンサス

本章ではまず、タリバンをはじめとする反政府武装抵抗勢力(Insurgency 以下、反政府武装勢力と称す)との「和解」について、アフガン政府や国連、ＩＳＡＦ(国際治安支援部隊)などが、どんな立場を取っているかを見る。そして、そもそも「タリバン」と言われる組織の実態は何なのか、異なる見方を伝えつつ筆者の見解を述べる。その上で、既に実施されているタリバン兵士などへの和解プログラムを検証し、その問題点を指摘し、今後進めるべき和解の方法を提示する。その中で、焦点となるアメリカの立場や、日本がアフガンにおける和解、ひいては平和構築に果たせる役割の重要性について述べたい。

『タリバン』を含めた反政府武装勢力との和解」というと、一瞬ぎょっとして、「そんなことは無理だ」と考える方も多いと思うが、実は、タリバンとの和解を進めることは、アフガン政府の公式な見解になっており、そのための具体的なプログラムもすでに始まっている。もちろん、その「和解プログラム」は後でみるように、非常に限定的で不十分なものであるが、基本的に「和解」がアフガン政府の基本方針になっていることは事実である。

では、この「タリバンとの和解」について、アフガンの平和構築に関わる国際組織や現地政府が具体的にどんな立場を取っているかを見ると、一定のコンセンサスが存在することが分かる。まず、アフガン政府のカルザイ大統領は二〇〇七年から「タリバンとの交渉と和解によって武力紛争を終わらせなければならない」と、再三にわたって表明している。〇七年九月には、「アフガン人の安全と繁栄のために、あらゆる交渉と対話を行う用意がある」と記者会見の場で正式に表明した。カルザイ大統領はまた、もしタリバンが武力を放棄し、一切の武力攻撃を止めることと引き替えに政府における役割を要求した場合には、応じる用意があると述べた。

〇八年一一月、カルザイ大統領はさらに踏み込み、「もしタリバンのリーダーであるオマール師が政府との和平交渉に応じるためにアフガンに戻ってきた場合には、大統領として彼の安全を保障する」と述べた。そして、もしそれをアメリカ軍やＮＡＴＯが拒否し、逮捕しようとするならば、「欧米諸国は私をアフガンから追放するのか、欧米諸国がアフガンから出て行くのか、どちらかを選択しなければならない」と語り、和解にかける意気込みを強調してみせた。

こうしたカルザイ大統領のタリバンに対する再三の交渉への呼びかけは、治安の急激な悪化の中で、彼の出身母体であるパシュトゥーン人勢力も含め、「和解」への期待、もしくは圧力が高まっていることを窺わせる。アフガン政府高官とタリバン指導部の間で、サウジアラビアを仲介として話し合いが始まっているという報道もあるが、真偽は分からない。しかしアフガン政府の現在のトップが、「紛争を終わらせるため、政治的な交渉と和解を行うことは不可欠だ」と繰り返し主張していることは、認識する必要がある。

さらにこうしたアフガン政府の動きを、国連もまた支持している。〇八年三月に採択された国連安保理決議では、国連アフガン支援ミッションの任務の一つとして、「アフガン人が主導する『和解』の実施をサポートすること」が、明確に盛り込まれた。つまり国際社会も、国連を通じて、「和解を進める」ことを支持しているのである。

これを受けて国連アフガン支援ミッションでは「ポリティカル・アウトリーチ」という名で、政治的和解のための取り組みを活発化させている。国連アフガン支援ミッションの次席代表で政治担当のクリストファー・アレクサンダー氏は、私に次のように語った。

「おそらく反政府武装勢力の中に、タリバンに同情的でかつ『自分たちは政治プロセスから除外されている』と感じているグループが数多くいます。ポリティカル・アウトリーチの目的は、そうしたグループに近づき、『あなた方も平和構築の一員なのです』と分かってもらい、一緒に国づくりを進めていくよう、促すことです」

さらにアレクサンダー氏は、「この反政府武装勢力との和解こそ、現在の国連ミッションにとって最大の課題であることは間違いありません」と強調した。

「タリバンなど反政府武装勢力との和解」については、ISAF(国際治安支援部隊)も原則的に支持している。現在、ISAFの指揮権は、NATO(北大西洋条約機構)が握っており、そのNATOのアフガン文民代表がマウリス・ヨヘム氏であった。元々オランダの外交官で、ISAFの責任者であるヨヘム氏は、私とのインタビューの中で、「ISAFは、原則的に『和解』を支持しています。しかし、いくつか条件があります。一つは、『和解はアフガン人が主導しなければならない』、つまり『外からの押しつけはいけない』という点です。二つめは『和解に応じる抵抗勢力は、民主的なアフガン新憲法を認めなければならない』という点です。三つめは『和解に応じる勢力は、武力による攻撃を放棄しなければならない』という点です。そういう条件が満たされれば、ISAFは和解を支持します」と答えた。そして具体的な和解への取り組みは、国連アフガン支援ミッションに委ねていると述べた。

マウリス・ヨヘムNATOアフガン文民代表

ヨヘム氏があげた和解の条件の中に、いわゆるタリバンなど武装勢力の「処罰」が含まれていないことは、注目に値する。そして「武力攻撃を停止する」のは、和解に応じる以上当然のことであり、ISAFの立場からすれば、最大の焦点は「反政府武装勢力が、アフガン新憲法を受け入れるかどうか」となる。

ちなみにカルザイ大統領も、「タリバンが新憲法を認めるなら、その政治的な役割を認めてもよい」としている。つまり、反政府武装勢力が、「新憲法を受け入れること」がクリアされれば、少なくとも「アフガン政府」「国連」「ISAF」の側は、和解可能だということになる。残りの焦点は、アメリカと、タリバンなど反政府武装勢力側ということになる。

一般市民も和解を支持

もちろん和解そのものは、実際にアフガンに住む人たちが支持しないのであれば、実現は難しいであろう。和解が「過去に行った戦闘行為」を許す行為を含む以上、戦争の当事者である現地の人たちの支持なしに、国際社会や外部アクターが勝手に進めることは困難である。

では一般のアフガン人市民は、この和解の問題についてどう考えているのか。私は、一般市民へのアンケート調査において、この和解についての質問も行った。

その結果、予想以上に和解を支持する人が多いことが明らかになった。パシュトゥーン人地域であるカンダハール県において九四％、同じくパシュトゥーン人地域であるワーダック県で九八％、そしてタジク人地域であるキャピサ県においても実に八六％もの人が「アフガンで平和を確立する上で最も重要なことは、タリバンを含めた反政府武装勢力との和解である」と答えている。

さらに「カルザイ大統領とタリバンの連合政権を支持するか」という質問に対してすら、カンダハール県とワーダック県で、ともに九八％の人が「支持する」と答えた。パシュトゥーン人のほとんどが、カルザイ大統領とタリバンによる連合政権さえ認めていることが分かる。そしてタジク人地域であるキャピサ県においても、六九％、およそ七割の人が「カルザイ政権とタリバンの連合政権を認める」と答えたのは、驚きであった。

その理由については、ほとんどのアフガン人が「それが平和をつくる唯一の方法だから」と答えた。つまり「タリバンとの和解」は、パシュトゥーン人の間では圧倒的多数の人から、そしてタジク人の間でも七割の人から「平和をつくる唯一の方法」と見られているのである。

私もアンケート調査を行いながら多くの一般市民の声に耳を傾けたが、一人の例外を除いてみな「和解を支持する」と答えた。その理由として、彼らは口々に「戦争ではこの紛争は解決しない。私たちは経験からそれを知っている」と答えた。

さらに私が、「本当にタリバンとの和解が可能と思うか」と突っ込むと、多くのアフガン人が、「アルカイダのメンバーや、パキスタンから来た外国人タリバンなど、外国からきた過激派との和解は難しい。しかし、アフガン人のタリバンとは、和解が可能だと思う」と答えた。その理由として、「アルカイダなど外国から来た過激派は、この国に紛争を起こすために来た人たちで、彼らとは和解できない。でも、アフガン人のタリバンの多くは、お金のために、生き残るために戦っている。もともと彼らは、我々の兄弟なのだ」と多くの人が語るのが印象的であった。

私は現地の人々が、反政府武装勢力を「外国から来た過激グループ」と、「アフガン出身の反政府勢力」に分ける感覚を持っていることを知った。そしてこの感覚こそ、タリバンとの和解を考える上で、決定的に重要ではないかという気がした。

タリバンとは何か

つまりは、タリバンとは何かということである。実は、この呼び方をマスコミや政治指導者が使うとき「政府やＩＳＡＦ、アメリカ軍に対して攻撃を行う反政府武装勢力」を全てひっくるめて「タリバン」と呼んでいる場合があることに、留意する必要がある。しかし実際には、反政府武装勢力は「タリバン」だけに限らない。ヘクマティアルという指導者が率いる「ヒズボ・イスラミ」という武装グループも盛んに政府への攻撃を行っている。それ以外にも、反政府武装活動を行っているグループが数多く存在する。その名前が分からないケースも多い。

その事実を踏まえた上で、現在アフガンで最も勢力の大きな反政府武装勢力と考えられる「タリバン」とは何かという問いであるが、主に二つの見方が、アフガン内に存在する。

その一つは、「タリバンは一つの思想の下に統一された単一の組織である」という考え方である。この見方に立つと「タリバンの指導者との和解ができない限り、タリバンとの和解はできない」ということになる。

たとえばカンダハール県で最も大きな権力を持つと言われるアメッド・ワリ・カルザイ県議会議長(カルザイ大統領の弟)は、この立場をとっている。彼は私に対し、

「我々はタリバンの指導者との和解を呼びかけているが、全く返答がない。オマールも含め指導者は、どこにいるかも分からない。彼らは隣国パキスタンに隠れ、姿を現さないのだ。相手の姿が見えないのに、どうして交渉ができようか。だから、和解など実際には困難である」と強調した。つまりタリバン指導者がパキスタン側に隠れ、しかも和解の意志がない以上、タリバンとの政治交渉などは無理であり、唯一の対処法は、パキスタン側にいるタリバンへの武力攻撃だという主張である。

この主張は、現在の治安情勢の悪化が、アフガン政府の失政や腐敗などの結果ではなく、パキスタンの問題であるとする点で、カルザイ政権にとって都合のよい解釈であることは否めない。(〇八年一〇月、ニューヨークタイムズ紙は、アメリカ政府が、「アメッド・ワリ氏が麻薬の密売を行っている」として、公職から追放するようカルザイ大統領に求めている、と報じた。しかしカルザイ大統領とアメッド・ワリ氏は、その疑惑を全面的に否定している。)

核グループとその他の兵士たち

もう一つの見解は、タリバンは「イデオロギーによって動いている一部の過激指導者層と、それ以外の動機で動いている多数のアフガン人の緩やかな連合体である」という見方である。たとえば、キャピサ県南部のタガブ郡という パシュトゥーン人地域(キャピサ県は北部がタジク人地域で、タガブ郡など南部がパシュトゥーン人地域)から選出されているハナティラ・コチャイ県議会議員は、地元のタリバンの実態について、確信をもった表情で語った。

キャピサ県議会のハナティラ・コチャイ議員

「タガブ郡は、キャピサ県で最もタリバンの拡大が進んでいる郡ですが、タリバン兵士が四二〇人いるとすれば、そのうち四〇〇人は、一か月一〇〇ドルの給料をタリバンからもらうために働いている兵士です。パキスタンに支援され、イデオロギーのために戦っている核となるグループは二〇人にすぎません」

「たとえ二〇人の『タリバンの核グループ』と和解することが難しくても、残りの四〇〇人については、月一〇〇ドル以上の仕事を政府が与え、安全も確保できれば、和解は十分可能です」

その後調査を続けると、このコチャイ氏の見解が、タリバンとは何かについての主流派の意見であった。国連アフガン支援ミッションの幹部の多くがこの立場をとっており、欧米主要国のアフガン大使の一人も、コチャイ氏の見解について「私も全く同意見だ」と語った。また現在の「アフガン和解委員会」の事務局長、ナジブラ・モジャディディ氏は、多くの元タリバン兵士から聞いた話を総合し、「タリバンで働けば月一〇〇ドル、誘拐をすれば月四〇〇ドル、自爆攻撃を行えばその家族は一生タリバンが面倒を見る、と約束されているようです」と語り、アフガン人がタリバンに協力する場合、経済的理由が大きいことを強調した。

地方行政独立庁のジャラリ・ポパル長官

さらにアフガンの各地方には、無数ともいえる部族が存在する。カンダハールの安全保障担当の現地スタッフは、本書の第1章で紹介したように「部族はそれぞれ、政府とタリバンの両方と協力関係を結び、なんとか生存を維持しようとしている」と、その実態を教えてくれた。

こうした見解を、中央政府の高官も共有している。カルザイ大統領に最も近い側近の一人で、地方政府の整備の責任者でもあるジャラリ・ポパル長官は、私にこう強調した。

「アフガンの部族は非常に強力で、タリバンといえども、地元の部族が決然と拒否すれば、なかなか浸透することはできません。しかし、残念ながら多くの部族が『政府は信頼できない』と考え、無関心を装っています。彼らは、『反政府』ではないかも知れませんが、『反タリバン』でもないのです」

「ですから我々がやるべきことは、警察や軍など地方での統治機構を整備し、治安を改善し、生活状況をよくすることによって、そうした部族を政府の側に引き寄せることです」

以上のような話を総合すると、タリバンという反政府武装勢力は、主に次の三つに分けることができると考えられる。

(一) イデオロギーを動機として戦っている核グループ

(二) 主に経済的動機でタリバンで働いている大多数のアフガン人

(三) 生存のためタリバンに協力している多くの部族

このように、タリバンが多元的な組織であることは、タリバンとの和解の「難しさ」と、「可能性」を同時に示している。

「難しさ」は、たとえオマール師を含め「タリバンの指導者」との交渉が妥結したとしても、それによって全ての武装攻撃が終わるとは言えないことである。なぜなら、タリバンの核グループがコントロールしている反政府武装勢力の範囲が、限られているからである。

その一方で、たとえ「タリバンの核グループ」との和解がすぐにできなくても、それ以外のグループ――右でいえば(二)一般の兵士、(三)反政府の立場をとる多くの部族――との和解は、十分可能であるという面がある。

アフガンで、タリバンなど反政府武装勢力との和解を進めるためには、この反政府武装勢力の多元性に注目し、それぞれのグループに対し、有効な措置をとる必要がある。そうすることで初めて、和解への具体的な道筋が開けてくると考えられる。

遅かった和解への取り組み

さてアフガンにおける和解への取り組みであるが、それが正式に始まったのは、治安の悪化が本格的になった二〇〇五年になってからであった。この和解の問題について驚くべきことは、「もし和解の取り組みが、ボン和平合意直後の二〇〇二年か〇三年に行われていれば、タリバンも含めほとんどの反政府武装勢力が、武器を捨て、政府の枠組みに入ったであろう」という見方が、多くの国連職員やアフガン指導者の間で定着していることである。

国連アフガン支援ミッションの特別代表を〇一年から〇四年まで務めたブラヒミ氏は、〇二―〇三年の段階でタリバンとの政治的な交渉を行わなかったことが「最大の失敗だった」と再三にわたって訴えている。〇八年に行われたラジオ・インタビューでブラヒミ氏は、

「二〇〇一年のボン和平会議にタリバンを参加させることは、タリバンも参加できる状況に

なく、アメリカも決して許さなかったから、どだい無理でした。しかしタリバンがそれまで、アフガンの九五％を支配していたことは事実だったのです。一方、ボン会議に参加したアフガン人は、その多くが外国に逃亡していた人たちで、アフガン南部の人たちの声を代表していませんでした」

「だからこそ、〇二年か〇三年の段階でもっと私たちが声を大にして、タリバンとの交渉を始め、南の人たちの声を聞く努力をすべきでした。その時点でタリバンとの交渉を行っていれば、大部分のタリバンが武器を捨て、政治プロセスに入っていたでしょう。しかし、我々はそれをしませんでした。これは大きな間違いでした」

と話している。この点について私は多くのアフガン指導者に問うたが、皆同じ意見であった。たとえばアフガン最大の省庁である農村復興開発省のエイシェン・ジア大臣は、現状でのタリバン指導者との和解については懐疑的であるが、それでも「もし〇二年の段階であれば、タリバンは和解に応じたでしょう。なぜなら、タリバンはほとんど壊滅状態でしたし、アルカイダもアフガンから逃げ出していたからです」と主張した。また前述のポパル地方行政独立庁長官は、

「私は個人的に、『和解』の呼びかけは、こちら側が強い立場にある時のみ、実現可能だと考えています。〇二年や〇三年ならば、和解は十分可能でした。なぜなら、政府は強く、治安は

安定し、タリバンは極端に弱かったからです。しかし残念ながら、タリバンが弱い時、アフガン政府や国際社会は、タリバンとの交渉をしませんでした」

「タリバンの力が強くなった現状において和解を進めるには、それなりのコストを払う必要があります。しかし一方で、私は新憲法の核となる理念については、譲ることはできないと考えています」

「ですから、まずタリバンに単に協力したり同情しているだけの部族やグループに働きかけ、政府側に引き寄せ、タリバンの力を相対的に弱くする必要があります。その後でないと、タリバン指導部との和解は難しいと考えています」

と私に話した。

タリバンの力が弱かった平和構築プロセス初期に和解を行っていれば、彼らは武器を放棄し、政治プロセスに参加していたであろうと、実際にアフガンの平和構築に携わっている当事者の多くが考えていることは、将来の平和構築に向けた最大の教訓の一つであろう。一方で、タリバンの力が強まっている現状で和解を本格的に進めるには、相当な困難が伴うことを覚悟せざるを得ない。

現在の和解プログラム

では二〇〇五年から始まった和解プログラムは、どんなプログラムでどんな成果をあげ、どんな課題に直面しているのであろうか。この点を探るため、私はアフガン和解委員会（PTS委員会。PTSは現地語の略称で「平和を強化する」という意味）の事務局長であるナジブラ・モジャディディ氏、カンダハール県の和解委員会のトップであるハジ・アガラライ県会議員、キャピサ県で和解プログラムに携わる多くの県会議員などに話を聞いて回った。

和解に応じたタリバン兵士を訪ね，握手する和解プログラムの代表，シバトゥラ・モジャディディ氏（和解プログラムのパンフレットより）

二〇〇五年に始まった和解プログラムは、タリバンの兵士を含め、反政府武装勢力に属する「個人」に対する和解を促進する目的で始まった。事務所には、タリバン兵士などに和解を呼びかける大量のパンフレットやポスターが置いてあった。和解委員会のトップには、元大統領で現在上院議長であるシバトゥラ・モジャディディ氏が就任し、その息子のナジブラ氏が事務局長を務めている。

この和解プログラムでは、まずタリバンなど反政府武装勢力の兵士が、戦いをもう放棄したいと考えた場合、指定の申込用紙に名前や住所など必要事項を書き込み、サインする。申込書で約束するのは、①アフガン新憲法を順守する、②政府への武力攻撃を止める、という二点である。さらに郡のトップや警察署長、村の長老などのサインをもらい、地元にある和解委員会の事務所を通じ、カブールの中央和解委員会に申込用紙を送る。和解委員会では申込書を吟味した上で、和解に応じることがふさわしいと判断した場合、和解を申し入れた兵士に手紙を送り、「今後は、政府の側から攻撃を行ったり逮捕したりしない」と約束する。

このように、タリバン兵士が政府への攻撃を止め、「憲法を順守する」と誓うのと引き替えに、政府側は和解に応じた個人への政治的安全を保障する。そのことで、政府への武力攻撃を減少させることが、この和解プログラムの狙いである。

実績と問題点

この和解プログラムによって、〇七年末までにおよそ四六〇〇人の個人が、和解を申し込み、政府がそれを承認し、安全を保障して和解に至ったとされる。

しかしながら、現在の和解プログラム（PTSプログラム）は、多くの関係者から「うまくいっていない」「失敗した」と見なされている。それは毎年反政府攻撃が激化していることや、和解プログラムに新たに入る人の数が徐々に減っていることからも明らかである。

一体何が問題なのか。フィールド調査の結果を基に、私は国連へのリポートで、次の三点が主な原因だと主張した。

問題① アメリカ軍の不関与

この「和解プログラム」については、ISAF(国際治安支援部隊)は一応その意義を認め、ISAFのガイドブックにも和解プログラムが紹介され、協力が呼びかけられている。しかし「不朽の自由作戦」を遂行するアメリカ軍が主導する連合軍は、この和解プログラムに深く関与していない。そのため、和解に応じ政府から安全を保障する手紙をもらった個人が、その後アメリカ軍に拘束される事態が起きている。

たとえば、キャピサ県のアラザイ郡に、以前タリバンに属していたハフィザラという名の司令官がいた。ハフィザラ氏はタリバン政権崩壊後、反政府活動は行わず、キャピサ県議会の活動に参加していた。キャピサ県議会では、ハフィザラ氏に政府の活動により一層参加して欲しいと「和解プログラム」への参加を促し、ハフィザラ氏も和解プログラムの申込書を送った。その後、申請は認められ、政府から安全を保障する手紙を受け取った。いずれ、ハフィザラ氏の配下にある五〇人の元タリバン兵士も、和解プログラムに参加する予定になっていた。

しかし、政府から安全を保障する手紙を受け取った数か月後の〇七年夏、ハフィザラ氏はアメリカ軍から、「会議のため」という名目でグラハム基地に呼ばれ、出向いた所で逮捕・拘束された。同じアラザイ郡選出のアブダル・ワハブ県会議員は、自らハフィザラ氏に和解プログラムに入るよう説得したこともあって責任を感じ、基地を訪ねて逮捕の理由を聞こうとしたが、説明はなかった。

ワハブ氏と他のキャピサ県会議員は、和解委員会のトップであるモジャディディ上院議長に会い、ハフィザラ氏を釈放するようアメリカ軍に要求して欲しいと依頼した。また県議会では、ハフィザラ氏をよく知り、右の経過も熟知している国連スタッフにもアメリカ軍との交渉を依頼した。しかし、いずれの努力もむなしく終わった。

この話はあっという間にアフガン中部全体に広がり、和解プログラムへの信頼を低下させた。その後、ハフィザラ氏の配下五〇人も、和解プログラムへの参加を拒否することになったという。ワハブ県会議員は、「私たちが和解に応じて欲しいと、反政府武装勢力に所属している住民や司令官に依頼しても、もう相手にしてもらえなくなりました。多くの人が『それならば、アメリカ軍やISAFの署名も入った保証書を持ってきて欲しい。そうでないと信頼できない』というのです」と苦渋に満ちた顔で話した。

こうした「不朽の自由作戦」に基づくと推測される逮捕・拘束は、「事前にテロ活動を防ぐこと」が目的とされ、逮捕状も必要なく、なぜ拘束するのかという説明も基本的にない。そのため、私もその拘束の是非を論じることはできないが、和解プログラムへの信頼が著しく低下したことは、間違いない。

私はカンダハール県でも、同じように和解に応じた司令官の一人が、和解に入った後にアメリカ軍に拘束されたケースがあると地元の関係者から聞いた。またある国連の幹部は、「アメリカ軍の空爆で、和解に応じた人も被害にあっているという話が広まっており、和解プログラムの信用が極端に低下している」と話した。

こうした事実に、軍事的な役割を担う国際組織(アメリカ軍とＩＳＡＦ)と、政治的な役割を担う組織(国連)が別々に存在しているアフガンの平和構築の弱点が露呈している。そして、政治的な和解を本格的に展開するには、「アメリカ軍が和解プログラムに本格的に参加すること」が決定的に重要であることを明らかにしている。

問題② タリバンと手を切った後の困窮

既述したように、タリバン兵士として働く限り、月一〇〇ドルとも言われる給料がもらえる一方で、タリバンと手を切り政府と和解した途端、生きる術がなくなるという現実がある。

この点深刻なのは、カンダハール県で和解プログラムの責任者であるアガラライ県会議員の話である。それによれば、和解委員会のトップであるモジャディディ上院議長が、南部で反政府武装勢力の人たちと会った際、「和解に応じれば、仕事も家も用意する」と約束したという。

確かにモジャディディ議長は、和解に応じた人に対する経済的援助をするよう政府に働きかけたが、今も実現していない。そのため結果的には、和解に応じた人を騙すことになり、「和解に対する信頼が大きく低下し、政府と人々の間を更に引き離してしまった」と、アガラライ氏は話した。アガラライ氏は、カルザイ大統領から直接任命されて、この危険な仕事を引き受け、「私自身は死を覚悟して仕事をしています」と誠実な表情で淡々と話した。

問題③　タリバンからの報復の危険

三つめの問題としては、多くの地域でアフガン警察や軍のコントロールが及ばず、和解に応じた後に、タリバンなどによって報復される危険がある。

アガラライ氏によれば、和解に応じた個人が村に帰った後、和解に応じた事実を周囲に秘密にしておくことは可能だという。しかしその後、タリバンから戦闘に参加するよう呼びかけられた時にそれを断ると、すぐに報復の危険に直面することになる。その際、和解に応じた個人を守る力が、特に南部においては、アフガン警察や軍にないのである。

新たな和解プログラムへの提言

以上のような問題点を踏まえ、現在の局面を転換する中心的政策として、より効果的で包括的な新たな和解プログラムの新設が必要だと考えられる。私が国連へのリポートで主張した具体的な内容は、以下の通りである。

(一)「アメリカ軍」「ISAF」「国連」、それにアフガン軍を管轄する「アフガン国防省」、アフガン警察を管轄する「アフガン内務省」、さらに「アフガン大統領府」などが参加した新たな「共同和解委員会」を設置する。そして、どのような条件で和解を認めるのかについて、コンセンサスを共有し、共に和解のための政策を実施する。和解に入った人のリストは、全ての組織で共有し、約束を順守する。このことによって、和解に応じた個人は、少なくとも政府と外部アクターからの安全は保障されることになる。

(二)和解に応じた個人に対する就業を支援する。具体的には、

① 全国に職業訓練施設を作り、和解に応じた個人も、そうでない村人も同じように一斉に訓練を受けることができるようにする。和解に応じた元兵士と、それ以外の村人を同じように受け入れることは、公平性を担保する上でも、タリバンの核グループからの攻撃を回避するためにも重要である。また訓練中も、一定の給与を支給する。

② 地方政府によって、特に治安部門(警察や軍など)において、和解に応じた兵士の直接雇用を促進する。もちろん元兵士の身元の保証や厳重なスクリーニング(検査)は必要である。

こうした政策により、経済的な理由でタリバンに協力していた兵士の和解を促し、和解後も

一定の経済的支援を行うことを明示する。（より具体的な雇用促進策については、後で詳述する。）

(三) タリバン指導部の一部の穏健派との和解も同時に進めるため、和解に応じた場合、国連の「タリバン・アルカイダ制裁委員会」の制裁リストから外すことを約束する。

現在およそ四〇〇人が、この国連制裁リストに載っているが、そのうち約二〇人が既に、現行の「和解プログラム」に参加している。しかし国連において、和解に応じたタリバン指導者を制裁リストから外すべきかどうか、三年以上議論されているにもかかわらず、未だに結論が出ていない。これがタリバン指導部が和解に応じなくなった一つの理由とされている。制裁リストから外すことを条件に、指導部の中で、より穏健なグループとの和解を促す。

(四) タリバンとの協力関係にある地方の部族で、アルカイダなど外国から来た過激派と手を切れる部族との和解を進める。具体的には、先にあげた職業訓練施設の建設なども含め経済的支援とセットで和解案を提示し、政府との協力関係を培っていくよう促す。

和解の理念

こうした提案の基本的な理念は、次の二点である。

① たとえタリバンの核グループとの和解がすぐには困難であっても、経済的な理由で従事している大多数のタリバン兵士や、生存のためにタリバンと協力している多くの部族との和解

を、経済的な支援とセットで進めること。

② タリバンの核グループとも、対話の糸口は閉ざさず、「武力攻撃の停止」と「新憲法の順守」という原則を了承すれば、和解が可能であるという「出口」を用意する。「出口」を作らず、ひたすら軍事攻撃によって屈服させようとすれば、相手もぎりぎりまで戦うしかなくなってしまう。その意味で、核グループ以外の人たちとの和解を進めてタリバン指導部の力を弱めると同時に、タリバン指導部との和解の糸口も、原則を維持した上で、用意することが重要だと考える。

オバマ政権の誕生と「イラクの教訓」

和解を進める上で最大の焦点の一つが、アフガンで最大の軍事力を維持するアメリカが、その考え方に賛成し協力するかどうかであろう。

結論から言えば、私はアメリカが右のような和解のための新プログラムを支持する可能性は十分あると考える。一つには、アメリカ自らがイラクにおいて「和解」を実施し、その教訓をアフガンに活かす可能性があることであり、もう一つには、ブッシュ政権との決別を掲げて大統領選挙に勝利したオバマ政権が、二〇〇九年一月に誕生したことである。

イラクでの新国家づくりが泥沼に入っていた〇七年初頭、ブッシュ政権はイラクへの二万人の増派を決めた。実はその際、イラクにおける反政府武装勢力に対する政策の根本的な転換が行われた。

当時、イラクのアメリカ軍司令官だったデービッド・ペトラウス将軍が採用したと言われるその新戦略の骨格は、①アルカイダなど国際テロリストグループと手を切ることができる地元スンニ派の武装勢力とは、できる限り対話と和解を行う、②和解した武装勢力に対して経済的支援を与える、③アメリカ軍も、テロリストの殺害や逮捕を主要目的にする掃討作戦ではなく、一般住民の安全を守ることに、軍の主要目的を置く、というものである。ペトラウス司令官は、軍人であると同時に、プリンストン大学において政治学博士を取得している政治学者でもあり、戦略家としても現在大きな注目を集めている。

このイラクにおける戦略転換について、米外交評議会の中東研究者スティーブン・サイモン氏が米国の代表的な外交誌である『フォーリン・アフェアーズ』に論文を寄稿している。それによれば、アメリカ軍は、それまでアルカイダの味方だと断定して激しい攻撃を行い反発を招いたスンニ派の各部族に対し、「アルカイダと手を切ることができれば和解したい」と対話と交渉を行い、和解に応じた部族に対しては、一人あたり月三六〇ドルもの資金提供を行った。和解に応じたイラクの反政府武装勢力に対し、経済的支援を約束したのである。

その結果、現在アメリカ軍との和解に応じ、アメリカ軍から月三六〇ドルの資金提供を受けているスンニ派の元反政府武装勢力の兵士や司令官は、実に一〇万人に上っている。そして、この資金提供のための予算は、年間数百億円に上る。(この一〇万人という数字については、〇八年九月にCNNが同様の報道をした際、アメリカ軍より「そのうち五万人については、将来的にはイラク政府が支払っていく予定になっているので、その点を補足して欲しい」という要請があり、CNNが補足説明をした。つまりアメリカ軍も、事実関係は認めている。)

前述のサイモン氏は、この「スンニ派との和解」と「和解に応じた勢力への経済的な支援」こそが、〇七年後半以降、劇的にアメリカ軍への攻撃が減った最大の理由だと主張しており、その見解については、多くの専門家の間でコンセンサスが生まれつつある。(しかしこの事実は、ブッシュ政権の方針もあり、あまり一般には報道されていない。)

イラクでの和解を進めたペトラウス司令官は、〇八年一〇月、イラクとアフガニスタンの双方を指揮する中央軍司令官に就任した。またイラクでの新戦略は〇七年に新たに就任したロバート・ゲイツ国防長官の了解のもと行われたが、そのゲイツ国防長官は、オバマ政権でもプラグマティックな姿勢を買われ、国防長官の座に留まっている。

もちろん、イラクでの政策がそのままアフガンに適用できるとは思えない。とくに、アフガンにはイラクの石油のような膨大な資源収入がなく、将来、政府が現金供与を引き継ぐことが難しい。また、サイモン氏が指摘するように、反政府武装勢力にそのまま現金を渡すことは、将来、現金供与をやめたとたん、再び武装活動が始まる危険をはらんでいる。

しかしそれでもイラクの経験は、「外国の過激グループと手を切れる反政府武装勢力と和解することが、治安状況を転換する上でいかに決定的か」を如実に示している。

アメリカの姿勢は

そしてアフガンでの和解については、ペトラウス中央軍司令官が、

「反政府武装勢力への対抗措置としてイラクで採用した政策の中で、アフガンでも適用可能なものがあるとすれば、それは『反政府武装勢力の中で、和解可能な人たちとは和解すること』だと考えている」

と表明している（ニューヨークタイムズ紙・二〇〇八年一一月一七日付）。

さらに注目すべきは、ペトラウス司令官のアドバイザーとして、イラクでの新戦略を構築する上で重要な役割を担ったデービッド・キックレン氏が、ＣＮＮの番組で行った発言である。

この中でキックレン氏は、

「アフガンの人たちから聞いた話を総合すれば、反政府武力活動を行っているアフガン勢力のうち、オマルなどタリバン指導部のイデオロギーのために戦っているのは一割でしかないと考えています。そして残りの九割の部族は、イデオロギーのためでなく、自分たちの部族の利

益のために戦っていると判断しています」

「イラクにおいて私たちがやったことは、イデオロギーのために戦っている強硬派と手を切ることができる、それ以外の部族と和解を進めたことです」

と話した。それを受けて司会者が、

「それは、タリバンの九割とは和解すべきだということですね」

と質問すると、キックレン氏は、

「それは、タリバンをどう定義するかによります。こうした強硬派でないひとは、タリバンとは呼ばなくてもよいと思います」

と答えた。


そして二〇〇九年三月二七日、オバマ米大統領は、アフガン・パキスタンに関する新戦略を発表し、その中で、タリバンとの和解について以下のように明言したのである。

「何十年も戦争が続き極貧にあえぐ(アフガンのような)国では、敵同士の和解なしに平和はあり得ない。イラクで私たちは、アルカイダを排除し、それまで敵だった勢力と手をつなぐことに成功した。私たちはアフガンでも、同じようなプロセスを採用しなければならない」

「タリバンの中には、妥協不可能な中核グループがいる。彼らは軍事的に叩く必要がある。しかし中には、単に経済的理由や、脅迫されて武器を取って戦っているアフガン人がいる。彼らには、異なる選択肢を用意しなければならない。だからこそ我々は、アフガン政府や国際的なパートナーと共に、全ての県で和解のプロセスを進めていくことを決めた」

まさに私が国連へのリポートで強調し、本書でも繰り返し述べてきたように、「原理的なイデオロギーに基づいて戦っているのではない反政府武装勢力との和解をすることなしに、平和はあり得ない」という方針を米大統領が明言し、イラクと同じように、和解プロセスを進めることを、はっきり掲げたのである。

しかし、こうした「経済的な理由や、脅迫によって武器を取っている」反政府武装勢力や、タリバン兵士との和解を進めるためには、和解に応じた人に対する経済的な誘因を与えるメカニズムを作ることが不可欠である。まさに日本や国連が、米国の新方針を機敏に捉え、新たなプログラムを用意し、大胆に和解プロセスを進める必要がある。

またここで注意しなければいけないのは、右のオバマ大統領の論理を貫けば、実際には、ほぼ全てのタリバン勢力に和解を働きかけることになるということである。なぜなら、タリバンを含め反政府武装勢力の人たちが「妥協不可能な勢力か否か」は、彼らが何を動機に戦っているかを書いた制服を着て戦っているわけでない以上、和解を呼びかけてみなければ判別できないからである。

職業支援と経済支援

その上で、和解に応じた兵士や司令官に対しどんな経済的な支援を行うかであるが、前述したようにアフガンにおいては、イラクで行われたような現金供与は、好ましくないと考える。

長期的にアフガンの復興を支援する意味でも、全国にくまなく職業訓練施設を作り、和解に応じることを条件に、一年や二年という長期の職業訓練を行うことが、現実的でもあり有効でもある。そして職業訓練を受けている間は、月に一〇〇ドルといわれるタリバンからの給料を上回る月給を支払うことで「職業訓練も仕事の一環」と誇りに思えるような訓練にすることが重要である。

アンワウルハク・アハディ
財務大臣

この訓練施設には、和解に応じた人も、これまで反政府武装勢力と関わりのなかった人も、同じように受け入れることが、公平性を保つ上でも、住民からの支持を集める上でも不可欠であろう。住民からの広い支持を得ることは、タリバン・核グループからの攻撃を抑止する意味でも決定的である。同時に、地元のアフガン軍やＩＳＡＦ、増派される予定のアメリカ軍からも、職業訓練施設の警護について協力を得る必要がある。

タリバンなど反政府武装勢力に対して、政府と和解することを条件に、経済的な支援を行うことの是非について、私はアンワウルハク・アハディ財務大臣に聞いた。アハディ財務大臣は、「基本的に、和解を促すために経済的支援を行うという考え方には賛成です。ただし彼らが、新憲法に盛り込まれている根本的な価値観を認め、それを順守することが条件です。その条件が守られるならば、経済的支援を行って和解を促すことは、重要な政策だと考えます」と強調した。

地域開発プロジェクトとの連携

さらには職業訓練が終わった後、その技術を活かして仕事に就けるよう、地域のニーズに密着した訓練を行うことが大事である。仕事を創出するため、地域開発支援も同時に進めなければならない。こうした事業を行う上で重要なのが、地域で既に行われている開発プロジェクトとの有機的な連携であろう。

特にここで注目したい開発プロジェクトがある。二〇〇三年に開始され、〇九年までの総プロジェクト費が八〇〇億円という、アフガン最大の開発プロジェクトの一つである「国家連帯プログラム(National Solidality Program)」である。これは、農村復興開発省が、世銀との協力の下で始めた、いわゆるコミュニティ開発プロジェクトである。

この開発プロジェクトでは、それぞれの村で二五人以上の参加者が集まれば、「地域開発評議会(Community Development Council＝CDC)」を設立できる。このCDCのメンバーが自ら議論をして、どんなプロジェクトを地元で行いたいかを相談して決める。つまりは、住民による自主的な参加を最大限尊重した方式を採用している。

農村復興開発省のジア大臣

CDCがプロジェクトを選定した後は、地元のNGO(国際NGOの場合もアフガンNGOの場合もある)と協力して、農村復興開発省に申請書を出す。申請が認められれば、最大六〇〇万円を上限とした無償資金が提供される。

このCDCプロジェクトが始まってから、アフガン全土でCDCを設立する動きが急速に広がり、〇八年五月までにアフガン全土で二万八〇〇のCDCが設立された。その多くが、水力発電の開発、パン製造など零細工場の建設、灌漑など農業施設の整備等、地域の実情に合った地域開発プロジェクトを既に実施している。農村復興開発省のジア大臣は、CDCの意義を以下のように強調した。

「政府に正統性があると人々に感じてもらうためには、国際組織ではなく、政府こそが、人々の生活の向上に役立っていると感じてもらうことが重要です」

「その意味で、CDCのプロジェクトは理想的です。あくまで地域のアフガン人が自らの意志でプロジェクトを決定し、それを施行するために、政府が復興基金の資金を使って直接支援を行う。政府と人々の信頼を築く上では決定的に重要なプロジェクトです」

そしてジア大臣は、CDCの事業は、他の事業に比べよく維持され、タリバンをはじめ反政府武装勢力からの攻撃も受けずにいるという現状を強調した。

「たとえば、カルザイ政権の下で、一六〇〇もの学校がタリバンによって破壊されていますが、CDCが設立した学校はまだ一つも被害にあっていません。タリバンも、CDCが地元の人に人気があるのを知っていて、あからさまな攻撃はしないのです」

もちろん第1章でリポートしたように、南部ではCDCのメンバーに対する脅迫も始まっている。しかし、一般の事業よりもCDCのプロジェクトの方が、反政府武装勢力から攻撃を受けていないことは事実と考えてよい。

このCDCプロジェクトは、地元の人々から高い支持を受けている。私が行ったアンケート調査では、カンダハール県で九二％、ワーダック県で八四％、キャピサ県で九五％の人が「CDCのプロジェクトに満足している」と答えている。パシュトゥーン人かタジク人かの違いを超えて、幅広い支持を得ていることが分かる。支持している理由として、多くの人が「自分たちでプロジェクトを決定できるから」や「実際に生活の改善に役立っているから」をあげている。そしてほとんどの人が、ＣＤＣプロジェクトの継続を希望している。
私は、キャピサ県にあるＣＤＣプロジェクトの一つも視察した。ＣＤＣプロジェクトによって作られた灌漑施設は果樹畑を潤し、同時に小型の水力発電を起こして、村に住む二一一世帯の電気を賄っていた。さらにベーカリー工場を造って村人が食べるパンを焼き、村の集会場も作られていた。現在、月に一世帯一〇ドルずつ出しあい、その施設の維持にあてているという。村人は口々に、電気が村に来た意義を熱く話してくれた。

職業訓練についての知恵と協力を

アンケート調査の結果は、開発やプロジェクトに対するアフガンの人々の熱意を示している。さらに、こうした経済プロジェクトの実施において「地域住民の主体的参加と決定」が、政府との信頼を構築する上でいかに重要かも明らかにしている。

このアフガン全体をカバーするＣＤＣプロジェクトは、現在の計画では〇九年に終了する予定になっており、その後もプロジェクトを継続するべきか否か、アフガン政府内で激論が交わされている。私は、せっかく全国の村にできつつあるこの開発評議会への支援を打ち切った場合、住民の落胆と政府への失望は測り知れないものがあると考え、この開発プロジェクトを維持することは極めて重要であると国連へのリポートでも強調した。日本もアフガン復興信託基金を通じてＣＤＣプロジェクトを支援しており、その意味ではＣＤＣの継続を決める上で大きな役割を担っている。

和解を促すために職業訓練施設を全国に作っていく場合、このＣＤＣとの連携こそ枢要であろう。施設を作る際、それぞれの地域の農産物や、その加工品の種類、絨毯で有名なアフガンの製造業の有無、外国の援助によって拡大しているインフラ整備の状況など、地域の特性を見極めて職業訓練の内容を決めていく必要がある。

その際、地域のリーダーが集まっているＣＤＣのメンバーから意見を聞き、地域に密着した事業を行うことが大事である。場合によっては、訓練施設で学んだ技術を活かせるプロジェクトを、ＣＤＣの次回のプロジェクトで行うことも可能であろう。

和解に向けた大規模プロジェクトを

アフガンでは、〇一年以後多くのインフラ整備事業が始まったが、アフガン人技術者が不足しているため、パキスタンやイランから、技術者が大量に出稼ぎに来ている。こうした需要に対応する訓練ができれば、多くのアフガン人が仕事を新たに得ることができる。

またアフガンで作られた農産物の多くが、パキスタンやイランに輸出され、そこで加工された上で、何倍もの値段でアフガンに逆輸入されている。現在、こうした加工業の代替を行うための小規模ビジネス育成事業も始まっている。

こうした地域の実情に応じた職業訓練を行い、他の開発プロジェクトと連携することで、たとえ質素であっても、アフガンの人々が仕事を得て暮らしていける状況を地道につくっていくことは可能なはずである。CDCプロジェクトの六年間の総予算が八〇〇億円であるが、これに匹敵する「職業訓練プロジェクト」を全国で大規模に展開し、和解に応じた人たちが、新たな国づくりに参加し、職業訓練を受け、仕事に就ける状況をつくりだすことができれば、和解に応じる人は極めて多いと私は確信している。アフガンの人々が「平和」と「仕事」を求める情熱の大きさを、目の当たりにしているからである。

期待される日本の役割

そしてこの新たな和解プログラムに最も大きな貢献ができるのが、他でもない日本である。日本は、これまでアフガンに直接侵攻したり侵略した歴史がない。この調査のあいだ、アフガンのあらゆる層の人たちが、「日本だけが、自国の国益のためではなく、純粋な動機でアフガンを支援してくれている」と真面目に話してくれるのを聞いた。日本が、アフガンにおいて一人のアフガン人も殺害していないことからくる信頼であり、歴史的な財産と言える。

さらにこれまで日本は、アフガンに対し堅実な支援を継続して行ってきた。特にＪＩＣＡ

（国際協力機構）のアフガンでの存在感は大きい。ＪＩＣＡは、治安が悪化した今も事業を継続し、五〇人近いスタッフと専門家がカブールを中心に駐在して、アフガン政府の機能強化のための技術支援を積極的に行っている。

二〇〇一年のボン和平合意の後、ＪＩＣＡは「農村開発」「水道・下水道・道路などインフラ整備」「教育及び医療の拡充」「都市開発」などに集中的に取り組んできた。カブール国際空港ターミナルは、全額日本の無償支援によって完成され、また、アフガン全土で五〇〇を超える学校が建設された。さらにカブール首都圏開発計画の調査を進め、人口の増加が進むカブールの機能整備にも取り組んでいる。地方においては、マザリシャリーフやカンダハール、バーミヤンなどで、コミュニティ開発支援、識字教育プロジェクト、幹線道路の整備・修復などで大きな成果をあげてきた。

こうした支援はアフガン人の間でも高い評価を得ており、アジア財団が〇七年にアフガン人六〇〇〇人を相手に行った世論調査でも、「アフガンに対し最も支援を行っている国はどこか」という問いで、アメリカに次いで日本が二位になっている。

しかもＪＩＣＡは、アフガンの九つの地区での職業訓練のための技術支援を行い、除隊兵士・帰還民・国内避難民・若年失業者等、あわせて一三〇〇人以上に対する職業訓練がすでに終了している。その内容は「溶接・板金・電気配線・コンピューター・裁縫・配管」などであるが、卒業生の就職率は、実に七割を超え、極めて高い実績を誇っている。現在、さらに一五〇〇名を超える人たちが訓練を受けている。

アフガン人の中にある日本への「信頼」、そしてこうした技術支援や職業訓練を通じて得た「実績と経験」を、和解プログラムの実施に活かすことができるはずである。そのためには、日本がリーダーシップを取って、和解プログラムを具体的に提示することが最初の一歩になり得る。そしてアフガン政府や国連と協力して、アメリカや他の支援国からも支持を取り付け、具体的なプログラムを開始する中心的な役割を担うことが、いま期待されている。

麻薬対策も同時に

先にあげた和解のためのプログラムに加え、もう一つ日本ができる支援として、麻薬対策のための支援が考えられる。アフガンは現在、世界の九割ものアヘンを生産する麻薬大国となっており、その収入がタリバンなど反政府武装勢力の資金源になっている。しかし農民が実際に受け取る価格はそれほど高くはなく、ケシ栽培に携わる五〇万人とも推定される農民の平均収入は、一戸あたり年間二一万円くらいと言われている。一戸あたり七人の成人がいるとして、一人あたり年間三万円である。

しかしアフガンでは干ばつが進行しており、他の小麦などに比べて、ケシは水が乏しくても安定した生産を確保でき、しかも小麦よりはるかに大きな収入があると言われる。

たとえば麻薬の材料であるケシを、日本が中心となって五年間なら五年間限定で買い取り、その間、農家の収入を保障するという政策も考えられる。その五年間の間に農作物を転換する支援も行い、転換しない場合は買い取りを打ち切る。一方で、買い取ったケシは、モルヒネなど医薬品に転用することができる。

このように日本が農民から五年間限定でケシの実を買い取ることができれば、その間、農民は安心して作物転換を進めることができる。さらに重要なことに、タリバンなど反政府武装勢力の資金源のかなりの部分を断ち切ることができる。こうして反政府武装勢力の力が弱まって行く中で、政府との和解に応じる可能性が、さらに高まっていく。

この案は私の独創ではなく、ＪＩＣＡのある幹部の方から伺った案であるが、たしかに日本が中心となってケシの買い取りを行うといえば、国際社会も信頼してくれると思う。買い取った国がアヘンを密売するのではと疑われるようでは、実現可能性がないからである。

アフガンで日本が固有に持つ「信頼」と「経験」、そして「経済的な裏付け」と「知恵」を駆使することで、和解プログラムを包括的に主導していくことができれば、これに勝るアフガンへの貢献はないであろう。

軍事作戦のみで解決できるか

オバマ政権は、アフガン問題を最大の外交課題と位置づけ、アフガン駐留米軍を現行の三万強から、二〇〇九年夏までに六万人まで倍増する方針を既に打ち出している。

このことは、一概に悪いこととは言えない。〇九年にはアフガンで大統領選挙が予定され、一〇年には国会議員選挙も予定されている中、治安の向上のためには、一定の治安維持の部隊が必要であることは事実だからである。

しかし、もしその軍事力が、タリバン掃討作戦のみに傾斜し、反政府武装勢力との和解を伴わず、一般市民からの反発をさらに招くようであれば、かえって逆効果になるであろう。まさに「反政府武装勢力との和解を進め」「一般市民の治安と安全を守る」ことに、最大限の努力が払われて初めて、軍事力を増強することに意味が出てくると思われる。

軍事力の増強だけで治安が回復し、平和が樹立されると考えることが非現実的であることは、これまでアフガン警察とアフガン軍が増強され、その数が増え続けているにもかかわらず、治安が悪化していることからも明らかである。たとえばアフガン軍(Afghan National Army)は、〇四年に二万人強だったのに対し、〇八年に既に七万人に近づいている。警察も既に八万人を数え、あわせて一五万人という治安部隊が存在し、さらに五万人近いＩＳＡＦ(国際治安支援部隊)と二万人の「不朽の自由作戦」を展開するアメリカ軍がいて、しかも治安は悪化の一途を辿っているのである。〇九年一月、アフガン選挙管理委員会は全国三六四の郡のうち、八四の郡で政府が安全を確保できないとし、〇九年四月にも予定されていた大統領選挙を、八月二〇日に延期したいと発表した。

またここ数年の空爆の増加により一般市民の死者が増加し、NATO軍やアメリカ軍に対する支持は、アフガン人の中で低下している。私が行ったアンケート調査では、タジク人の住むキャピサ県では、まだ六割の人がアメリカ軍やNATO軍の軍事行動を支持しているものの、パシュトゥーン人が住むワーダック県では六九%、カンダハール県では五五%の人が、アメリカ軍やNATO軍の軍事行動を「支持しない」と答えた。その主な理由は、「一般市民を殺傷している」「ルールや法律に基づかず恣意的に軍事力を行使している」「軍事作戦はアフガン軍が担当すべきだ」などである。

こうしたアフガン市民、特に多数派であるパシュトゥーン人の強い反発を受け、カルザイ大統領は再三にわたり、一般市民を殺傷する空爆を中止するようアメリカ軍やISAFに訴えている。〇九年一月には、「軍事作戦を行う前にはアフガン政府の了解を得ること」「家を襲い容疑者を拘束するような作戦は、アフガン軍や警察が行うこと」などをNATOに対して要求し、具体的な回答を求めている。一方、NATOの事務総長は「アフガンの情勢の悪化は、腐敗し能力のないカルザイ政権に原因の多くがある」とカルザイ政権を批判した。

アフガン政府を支援するはずのNATOの指揮官と、支援されるはずの現政権のトップが、お互いを指弾しあうような状況では、平和構築の前途は悲観せざるを得ない。

ブラヒミ氏の批判

アメリカ軍やNATO軍の「テロとの戦い」について、元国連アフガン特別代表のブラヒミ氏は〇八年一二月のラジオ・インタビューで次のように痛烈に批判している。

「アフガンでの『テロとの戦い』ほどのナンセンスはない。もしアフガンで国家を再建し、よりよい生活を人々にもたらすことさえできれば、国際的なテロ組織は、一夜のうちにアフガンからいなくなるでしょう。反対に、多くの人々――その多くをテロリストと呼ぶかもしれないが、きっと多くの一般人も含まれていると私は恐れます――を殺害すれば、それは国際テロリストが、より一層多くのアフガン人を雇うのに力を貸すようなものなのです」

現実には、アルカイダなどアフガン人の中で支持を得ていないグループを拘束しても、反発を生むことは少ないかも知れない。しかし、経済的な理由や部族の生存のためにタリバンに協力しているような人まで、「テロリスト」の名で殺害し、しかも一般市民まで巻き込むことになれば、その被害者の親族や子供、親は、反アメリカ・反政府のための報復の戦いに参加することになるであろう。空爆によって子供や女性まで犠牲になる場合は、なおさらである。

ここに、アフガンにおけるタリバンのような地元密着型の反政府武装勢力と対峙するとき、軍事的作戦によってのみ治安を回復できると考えることの非現実性がある。

正念場を迎える平和構築

ブラヒミ氏自身も、アフガンに駐留する国際部隊が増派されること自体は支持しているように、治安を改善する上で一時的な軍事力の増強にはメリットもある。しかしそれを、より持続的な平和と復興につなげていくためには、政治的な交渉と和解へのプログラムが欠かせない。

二〇〇九年、アフガンでは大統領選挙が予定されており、翌年には、国会議員を含めた国政選挙が行われる予定である。選挙は、これまで政治過程から排除されていた人を、政治プロセスに引き戻す絶好の機会でもある。そしてアメリカでは、イスラム社会との和解を掲げるオバマ政権が誕生した。まさにアフガンにとって正念場であるこの二年間、日本は、非常任理事国として、国連安全保障理事会のメンバーも務めている。

この本の第3章において、アフガン人が今一番求めているのは、突き詰めていえば「安全」と「仕事」であると強調した。新たな和解のプログラムは、この「安全」と「仕事」を集中的に改善することで、現在の局面を打開する最大の政策になり得る。日本が、国連やその他の加盟国と協力しながら、大胆な和解と復興プログラムを推進するために中核的な役割を担うことが、今ほど求められている時はない。

第6章

自立をどう実現するか

― 東ティモール ―

首都ディリの海辺に近いストリートマーケットで(2008年10月)

小さくて美しい国

二〇〇八年一〇月二二日に、私は初めて東ティモールに入った。人口およそ一〇六万人、面積は、東京・千葉・埼玉・神奈川をあわせた面積とほぼ同じの、小さな国である。

首都であるディリの空港に迎えに来てくれた通訳のジョアオさんと、海岸線に沿って車を走らせると、美しい海がずっと広がっている。まだ開発が進んでおらず、世界でも屈指の美しい珊瑚礁が手つかずで残されている。道路を挟んで反対側に、各国の大使館、建設中の大統領府、政府機能が集まっている政府公館などが立ち並ぶ。どれも白くて立派な建物が多く、熱帯の明るい太陽光線を浴びながら、静かにたたずんでいる。

幹線道路沿いにも、多くの野外マーケットが開かれていて、バナナやマンゴーなど農産物や、文具や洋服など日用品も売られている。

東ティモールに入ってから四日目、私は休日を利用して、ジョアオさんと一緒にこうしたストリートマーケットを見て回った。ジョアオさんは現在、東ティモール国会で英語の通訳などをしているが、特別に一か月間、私の通訳を務めてくれた。一九九九年に東ティモールがインドネシアからの独立を決めるまで、全国の学生運動のリーダーの一人で、独立のために闘った闘士でもある。

東ティモールは国が小さいせいか、街を歩いていても友達と出会うことが多い。ジョアオさんも、どこに行っても友人がいる。この日歩いたストリートマーケットの一角で日用品を売っていたアンさんを見つけたとき、ジョアオさんは「オー」と歓声をあげて近づき、抱き合った。小学校で同じクラスで学んで以来、実に二〇年ぶりの再会だった。

私が調査を始めたとき、東ティモールはまったく平和で、殺人・誘拐・レイプなどの重大犯罪も、全国で月に平均二件という治安の良さであった。(〇九年三月時点でも、それは同様。)東ティモールの治安維持のために駐留しているオーストラリア軍兵士の祖国より犯罪率が低く、人々の表情にもなんとなく余裕が感じられた。アンさんも、「もちろん貧しい生活に間違いはないけれど、こうやって生きていければ、まずまず幸せです」と話してくれた。

そのアンさんも、二〇〇六年の危機の際には家から避難し、半年間、田舎に疎開していたという。いま普通に生活しているように見える人たちも、実はみな戦争や危機に深く人生を左右されてきた人たちであることが、アンさんと話しているうちに実感として広がっていった。

独立までの道のりと壊滅的破壊

ティモール島は、一六世紀前半からポルトガルによって征服されていたが、一八五九年から島の東側をポルトガルが、西側をオランダが分割統治するようになった。第二次世界大戦の間、日本が全島を占領したが、一九四五年に解放され、西ティモールはインドネシアの一部として独立した。一方、東ティモールについては、ポルトガルが再び領有し植民地支配を続けた。

東ティモール独立を掲げるフレティリン(東ティモール独立革命戦線)は、一九七五年に独立宣言を行ったが、その一か月後にインドネシア軍が軍事侵攻し、東ティモールを占領。翌年にはインドネシアに併合したと発表した。これに対して東ティモールの人たちは独立への闘争を続け、その後二〇万人もの住民が犠牲になったと言われている。国連総会や国連安保理はこの占領に反対し併合を認めなかったが、アメリカやオーストラリアなどは、反共産主義を掲げるインドネシアのスハルト政権を支持した。

しかし一九九八年にスハルト大統領が辞任しハビビ副大統領が大統領に就任して以降、インドネシアの方針が転換。一九九九年、インドネシアは、東ティモール人自らが「独立」か「インドネシアとの併合維持」かを選択する「直接投票」を、国連主導で行うことを認めることになる。

一九九九年八月三〇日、選挙登録した東ティモール人の九八・六%が投票を行い、七八・五%の人が「独立」を選択した。四〇〇年近い植民地と占領の時代を超えて、遂に独立を勝ち取った瞬間だった。

しかし、悲劇はその直後に起こる。投票にあたってアナン事務総長をはじめとする国連事務局も、直接投票への支援を決めた国連安保理も、「治安に関して責任を持つ」としたインドネシアの言葉を信じていた。しかし九月四日に「独立派」が投票で勝ったことが公表された直後から、インドネシア軍や警察、さらにインドネシアに支援された「併合維持派」の民兵が、東ティモール全土で略奪と放火をはじめたのである。家は焼き払われ、電気や水道などの公共施設も破壊され、無抵抗の多くの市民が殺された。治安維持部隊を派遣していなかった国連にも、東ティモール人にも、それを止める手段はなかった。その結果、東ティモール全体で千数百人の命が犠牲になり、ほぼ全員が国内難民となり、家や公共施設の四分の三が焼き払われた。

この破滅的事態が進行する中、何千人もの東ティモール人が、ディリにある国連施設に保護を求めて殺到した。治安を維持するはずのインドネシア警察にその意志がない中、ニューヨークの国連事務局は、派遣していた国際スタッフを国外へ退去させることを決めた。しかし国際スタッフが現地を去れば、ルワンダでかつて起きたように、住民への虐殺が始まる可能性は十分あった。

この時、国連スタッフの約八〇人が連署して「我々がここを退去すれば、ここにいる東ティモール人の全てが殺される。その罪の意識を抱いて残りの一生を送ることはできない」と懸命に東ティモールに残ることを主張した。その結果、現地事務所のトップは、ニューヨークからの指令に反し、駐留を続けることを決断する。

一方、アナン事務総長をはじめ国連事務局は、国連加盟国に対し早急に治安維持部隊を派遣するよう説得した。また東ティモール独立運動を外から支えノーベル平和賞も受賞したラモス・ホルタ氏は、国連安保理で「このまま見すごせば、東ティモールの地で、ルワンダの悲劇を再び繰り返すことになる」と訴え続けた。その結果、九月九日に当時のクリントン米大統領がインドネシアに対し予定していた軍事援助を停止し、「国際軍を受け入れるよう」要求した。一二日には、ハビビ大統領が、国際軍の東ティモールへの派遣を認めると発表した。

これを受けて九月一五日に国連安保理が「東ティモール多国籍軍」の設立を決議する。その四日後、オーストラリアが主導し、イギリスやカナダなどが参加した多国籍軍が東ティモール全土に展開し、ようやく治安は回復した。東ティモール全土を破壊したインドネシア軍、警察、併合維持派の民兵などは、インドネシア領である西ティモールに逃亡した。

治安の確保なしに国民投票を行ったことが大きな犠牲を生んだ一方、国連や国際社会が、人道的危機に立ち向かう意志を持ち行動したことが、東ティモールにおける更なる悲劇を防いだこともまた事実であった。この事は将来に向けて深い教訓を残した。

多国籍軍の派遣からおよそ一か月後、国連安保理は、東ティモールの治安維持と新たな国づくりを担当する国連ミッション「ＵＮＴＡＥＴ（国連東ティモール暫定統治機構）」の設立を決議した。国連安保理はＵＮＴＡＥＴに東ティモールにおける行政と立法、司法に関する全ての権限を与えたのである。国連東ティモール特別代表は、主権が東ティモールに移譲されるまでの間、唯一の「暫定統治官」として、新たな法や政令の作成・変更などを全て自らの力で行う権限をもった。このように統治に関する全権が与えられた国連ミッションは、史上初めてであった。

さらに、既に派遣されたオーストラリアが指揮権を持つ「多国籍軍」は、九〇〇〇人の「国連ＰＫＯ部隊」に編入され、その指揮権もまた特別代表が握ることになった。また一六〇〇人の国連警察も新たに設置された。東ティモールにおいては、国連ミッションがまさに、「政治」と「軍事」の双方を統括することになったのである。

この巨大な権限を有する国連ミッションのトップに、アナン事務総長は、コソボの国連暫定組織のトップも務め高く評価されたセルジオ・デメロ氏を任命した。

デメロ代表は、暫定統治期間において、国連が全権を握っていることについての、東ティモールの政治指導者の反発をよく理解していた。そのため彼は、独立闘争の指導者であるシャナナ・グスマン司令官をはじめ、現地のリーダーや住民との対話を最重要課題にした。そして

「東ティモール人の主体的な参加と決定」を拡大していく措置を次々に進めていく。

まず特別代表として東ティモールに入って二週間後の一二月二日には、自らを含めた四人の国連スタッフと、一一人の東ティモールの代表によって構成される東ティモール国民協議会(National Consultative Council)を発足させた。安保理決議はこうした現地機関の設立を要請していなかったが、デメロ代表の権限で設置を決めた。その後、「暫定統治官」として規則や政令を出すにあたっては、この協議会に事前に提出して意見を聞き、原則的に支持が得られたものについて発令するようにした。

さらに二〇〇〇年七月には、四人の東ティモール人と、四人の国際スタッフを閣僚とする「東ティモール暫定政府」も発足させる。グスマン司令官は「デメロが東ティモールのために働いていると確信できたのは、この時だった」と後に語っている。一方、ニューヨークの国連事務局では懸念の声があがった。国連安保理は、新国家ができるまでの間、東ティモール人ではなく、国連ミッションに統治権限を与えているという立場からの懸念であったが、デメロ氏は押し切った。また現地の国際スタッフからも「東ティモールの閣僚の指揮の下で働くのか」という戸惑いの声が出されたが、デメロ代表は「私がこの地での全権限を握っている。嫌なら出ていってもらうしかない」とまで述べ、東ティモール人への権限移譲を進めた。

この年一〇月には、国民協議会に代わって国民評議会(National Council)を新たに発足させる。評議会は三六人のメンバー全員が東ティモール人であり、単純多数決でUNTAETが出す規則を発議したり修正する権限を持つに至った。

翌二〇〇一年八月には、憲法を制定するための臨時議会「憲法制定議会」の選挙を実施し、フレティリンが八八議席のうち五五議席を獲得し、議会の実権を握る。この憲法制定議会が東ティモール新憲法を採択し、〇二年三月に公布された。その年四月に初の大統領選挙を実施し、グスマン氏が圧倒的な支持を得て大統領に選ばれた。五月二〇日、東ティモールは独立を宣言。暫定統治機構を率いたデメロ代表は東ティモールを離れ、UNTAETは新たに、「国連東ティモール支援ミッション(UNMISET)」として、東ティモールという新たな国家を「支援」する役回りに転じることになった。

現地の人々の評価は

私は〇八年に行った現地調査において、現状と今後の課題について調べると同時に、国連の暫定統治時代を、現地の人々や指導者がどう見ているのか、知りたいと考えた。具体的には、暫定統治に関わった人たちに話を聞くと同時に、全国で行ったアンケート調査でも、デメロ氏が行った暫定統治についての質問を盛り込んだ。

東ティモールは、現在一三の県からなるが、そのうち、首都があるディィリ県、東ティモールの西に位置するリキサ県、東の端に位置するラウテム県の三か所で、それぞれ一〇〇人あまり、あわせて三一九人からアンケート調査の回答を得た(巻末の資料②参照)。アフガンと違って東ティモールは治安上の問題がなかったので、自分で車と運転手、そして東ティモール大学の学生を五人雇い、一緒にアンケート調査を行った。また東の端にあるラウテム県については、日本のNGO「アフメット」のスタッフなどに協力をお願いした。いずれの場所でも、私も含めスタッフが村を回り、ランダムに家や商店を訪ね、調査の目的を話し答えてもらった。スタッフに国連の職員は一人もおらず、みな「日本人研究者の調査のために協力して欲しい」と説明して調査を行った。ディリだけでなく東と西でも調査を行ったのは、東ティモール内における東西の対立が、〇六年に起きた暴動の背景になっていると言われていたからだった。

「一九九九年から二〇〇二年までのデメロ氏やUNTAETの統治を支持するか、しないか」という質問に対しての答えは、私の予想に反し、圧倒的な人が「支持する」と答えた。西のリキサ県で九三%、ディリ県で九八%、東のラウテム県で八一%の人が、「国連暫定統治」を支持していると答えた。その理由としては、「憲法制定や選挙の実施にあたって国連が必要だったから」という答えに並び「国連は東ティモール人の声を尊重した」という返事が多かった。具体的には、リキサで六五%、ディリで五五%、ラウテムで三七%の人が、「ティモール人の意見を尊重していた」ことも理由に掲げた(理由については、複数回答可能)。一方で、「国連が東ティモール人によいサービスや支援をしてくれた」と答えた人は、リキサで四四%、ディリで四一%、ラウテムで一八%であり、比較的東の地域で不満が高いことも分かった。(後に見るように、これは現在の政府に対する意識も同じ傾向になっている。)

実際、デメロ氏の統治を支持すると答えた人の多くが、実際にデメロ氏が東ティモールをくまなく回り、住民との対話を続けていたことを身近に知っていた。リキサ県の海岸沿いにある、小さなお土産屋さんが五つ並んだ小さな集落で調査を行った時、そこで働く若い女性が、「デメロ氏は、こんな田舎の集落まで来て住民と対話集会を行い、話を聞いてくれました。私も、参加した時の興奮をよく覚えています。今の政府の人にも見習って欲しいです」と少しはにかみながら話してくれた。

こうした住民の声とは別に、国民評議会に実際に参加した指導者はどう見ていたのか。国民評議会の次席議長だったミレナ・ピレーさんは、より厳しい評価を下していた。

「デメロ氏が、立法・行政・司法の三権という巨大な権力を持つ中で、東ティモールの人々と協議を行い、その声

学生(右)によるアンケート調査の風景

を尊重するよう努力したことは紛れもない事実です。しかし一方で、多くの限界もありました。たとえば私たちは、憲法制定議会選挙において、『候補者の三分の一は女性にする割り当てを設けるよう』求めました。デメロ氏は比較的理解がありましたが、国連事務局の反対もあって、結局、憲法制定議会選挙で割り当ての導入は見送られました。この決定を見て私たちは、『所詮、最終決定権は国連が持っている』と失望しました」

たとえ国を新たにつくるまでの暫定期間であっても、現地の住民の代表ではない外部アクターが統治を行う以上、国の指導者や住民が不満を持ち、早い段階で「主権を持ちたい」と考えることは避けられないであろう。その意味では、デメロ氏とUNTAETが行った暫定統治も、現地の代表から見れば、多くの限界と、不満の対象になった事は間違いない。

それでも、大きな暴動や政治的な危機もなく、「グラウンド・ゼロ」と呼ばれた壊滅的な状況から、人々が家に戻り、生活を始め、子供たちが学校に戻るところまでなんとかこぎつけ、新たな国家をつくったという事実。そして今回の調査で明らかになったように、多くの「地域の住民」が、デメロ氏をはじめ国連が「住民の意見を聞こうと努力した」姿勢を支持し評価しているという事実は、今後の平和構築における、暫定統治の在り方に大きな教訓を投げかけている。

新国家の運営と和解の取り組み

二〇〇二年五月の大統領選挙でグスマン氏が大統領に就任し、東ティモールは新たな国家として歩み始めた。一方、立法権を持つ議会については、憲法制定のために作られた「憲法制定議会」が、そのまま暫定的な議会(国会)となることが決まった。そして任期が切れる〇七年まで、憲法制定議会のメンバーが、国会議員として立法に携わることになった。そのため、憲法制定議会の多数派を持つフレティリンのトップ、マリ・アルカティリ氏が首相に就任した。その後、大統領にグスマン氏、首相にアルカティリ氏を担ぐ二大巨頭体制が、〇六年の危機が起きるまで続くことになる。

東ティモール政府は、学校やクリニックの建設など住民の基本ニーズに対応する事業を進める一方、政治的な和解も進めようとした。インドネシアの占領統治に協力した人たちや、九九年の直接投票の後、破壊行為に加わった併合維持派の民兵の多くがインドネシア領に逃げており、こうした人たちへの「処罰」と「和解」をどう進めるかは、重大な政策課題だった。

この問題について、東ティモール政府が選択した基本的な政策は以下の通りである。

(一)殺人やレイプなど重大犯罪を犯したものについては、司法の裁きにかける。

(二)軽い暴行行為や、暴言、放火などについては、占領当局やインドネシア軍の命令で仕方なく行ったものもあるとして、謝罪と一部の賠償と引き替えに、和解を進める。

「重大犯罪」については、国連ミッションの中に作られた重大犯罪部が、〇五年五月に三九一人を殺人の罪で起訴した。そのうち八七人が、国際裁判官と東ティモール裁判官によって構成された重大犯罪特別法廷で裁判を受け、八五人が有罪となった。しかし残りの三百余人は、インドネシアに残っているため、罪の裁きを受けていない。

一方、二〇〇二年からは「受容・真実・和解に関する委員会」によって、七四年から九九年までのインドネシア占領時代に犯された人権侵害について真実を追求し、一方で被害者と加害者の和解を目指す取り組みが始まった。四年間にわたる活動で、東ティモール全土で七六〇〇を超える証言が集められ、〇五年に二五〇〇ページにおよぶ報告書が提出された。

ここでも先に示した「重大犯罪の加害者には裁きを、それ以外の加害者には和解を」という方針が貫かれた。つまり被害者の証言によって重大犯罪を犯したと考えられる人物はリストに掲載され、先に述べた「重大犯罪部」に報告され、見つかり次第、裁きにかけられる。（実際にはそうした重大犯罪の加害者のほとんどは、先に述べたようにインドネシア国内にいる現実がある。）一方でより軽い罪に問われた人たちについては、それぞれの郡で開かれた「地域和解プロセス」の中で、地域住民との和解が進められることになった。

私はラウテム県ロスパロス郡で、「受容・真実・和解委員会」の責任者だったジャスティノ・バレンティンさんに話を聞く機会に恵まれた。ジャスティノさん自身、学校の先生として独立運動に関わり、インドネシア軍からひどい拷問を受けた経験を持っていた。

「私はまず、被害者から広範に話を聞くことから始めました。殺人やレイプなど重大な犯罪については、重大犯罪部に情報を提供し、起訴を求めました。一方で、それ以外のより軽い犯罪については、和解を進めました。それが平和をつくる上で不可欠だと、確信していました」

「具体的には、郡の和解委員会に、加害者と被害者の双方に同席してもらい、被害者から、どんな被害にあったのか、どんな謝罪を求めているのかを徹底的に話してもらいました。その後、加害者から謝罪があり、可能な場合、賠償の申し入れなどがありました。実際には、多くの被害者が『もう罪を犯さない』という心からの謝罪を加害者に求めていましたので、その後は、お互いに抱き合い、和解に至るケースが多かったのです」

ジャスティノ・バレンティンさん

こうした和解プロセスを知り、西ティモールにいた約八〇〇〇人がロスパロス郡に戻ったという。彼らの多くが、重大犯罪の加害者ではなく、地域に戻ればそれだけで犯罪者として罰せられると恐れていた人たちであった。ジャスティノさんは、彼らの保護も積極的に行った。

「和解」と「紛争期間中の人権侵害の処罰」のバラ

ンス、求める順番、その具体的手段を決めることは、どんな平和構築の場でも、究極的に難しい選択である。東ティモールでは、重大犯罪の加害者には起訴を行い、彼らが国に戻った場合は処罰するとの原則を決め、それ以外は基本的に和解を進める方針をとり続けた。

その背景には、アフガンと異なり、併合維持派の民兵が、海外のテロ・グループを匿《かくま》ったような歴史がないため、大国がその処罰や壊滅を目指す動機がなかったこと。そして「まずは平和を築き、経済開発や社会開発を進め、生活できるようにすることが必要だ」という東ティモール指導部の判断がある。

もちろん、こうした方針が「犯罪を犯しても裁かれない風土や習慣」を作ってしまうという鋭い批判も常に存在する。この問題に、完璧な答えはない。しかし和解を選択した東ティモールが、〇六年まで比較的治安が安定した状況を続けたことは、この和解の選択が平和を維持する上で一定の成果をあげたことを示している。

二〇〇六年の危機

しかし次なる危機は、この併合維持派の問題とは全く異なる力学から吹き上がった。〇五年五月に国連ミッションがさらに縮小され、国連ＰＫＯ部隊と国連警察が撤退し、数十名規模の文民と警察アドバイザーによる小規模ミッションとなった。（現地代表には長谷川祐弘氏が就任。）その翌年の〇六年四月、東ティモールは、今度は内なる対立から大きな暴動に見舞われ、治安は崩壊し、再び国際社会の介入を要請せざるを得ない事態に直面するのである。

きっかけは、約一五〇〇人の東ティモール軍の中の一部の兵士が「西出身の兵士に対する差別がある」と、政府に対し是正を求めて嘆願を始めたことであった。そのうち約六〇〇人の兵士が、自らの駐屯地を離れ、首都ディリの近郊に集合し、政府への嘆願行為を始めた。これを見て東ティモール軍指導部と、当時のアルカティリ首相は、駐屯地を離れた兵士全員を解雇する決定を下した。

この決定に反発した嘆願者に加え、嘆願者に同調した東ティモール警察の一部と、これを鎮圧しようとした東ティモール軍の間で、ディリ市内の各地で小規模の戦闘が始まった。この混乱につけいる形で、いくつかの小部隊があい乱れて交戦し、次第に戦闘が拡大した。

この治安セクターの混乱を見て、東ティモールの千数百人とも言われる一般市民やギャング集団が暴徒と化し、一斉にディリ市内の家に火をつけてまわったのである。軍と警察が交戦状態になり、治安機能が失われる中、暴動を抑える力は、東ティモール政府にはなかった。この結果、ディリ市内の少なくとも三七人が死亡し、一五〇〇人以上が負傷、一五万人が家を失い、再び国内難民となったのである。

アルカティリ首相はこの事態を治めるため、再度、国連をはじめ国際社会に、国際治安維持部隊の派遣を要請した。オーストラリアを中心に、ニュージーランド、マレーシア、ポルトガルが参加する多国籍軍が再び編成され、国連安保理の承認の下、軍事介入が行われた。これを見て暴動は収束し、事態は沈静化した。

アルカティリ首相は、一連の事態の責任を取る形で辞任。グスマン大統領は、アルカティリ首相に代わり、最も信頼を寄せるホルタ外相を、首相に任命する。

新たな国連ミッションと選挙

二〇〇六年危機を東ティモール政府の手で収束できなかったことは、自らの国家運営についての自信を根底から突き崩した。また〇六年危機は、国連主導の平和構築の脆弱性、国連が撤退した後、いかに自立した政府を確立できるかという問いを、国際社会に突きつけた。

事態に対応するため、国連安保理は〇六年八月、新たに国連東ティモール統合ミッション(UNMIT)の設立を決議する。一六〇〇人の国連警察、三五〇人の国際文民スタッフ、九〇〇人の現地スタッフによる大規模ミッションを設立し、国家の再建を目指すことになった。

この時オーストラリアを主力とした「多国籍軍」を、以前と同じよう、国連PKO部隊に変更するかどうかが、安保理でも大きな議論となった。ポルトガルや安保理事国の一部は「国連PKO部隊の方が、より現地の人から正統性を勝ち得る」として国連PKO部隊への変更を求めたが、当時ブッシュ大統領と盟友と言われた保守党のハワード首相が政権を握るオーストラリアは、「指揮権が、より効率的である」という理由で、多国籍軍のまま展開を続けることを主張し、結局そうなった。東ティモールに駐留する多国籍軍は、およそ七〇〇人といわれている。

国連ミッションと多国籍軍は、主な目標を①治安セクターの改善、②〇七年に予定されている大統領選挙と国政選挙の公正な実施、③政治的対立を民主的な方法で解決するという民主的文化(もしくは規範)の確立、④他の機関と連携して開発を進め、特に若年労働者の失業対策を行うこと、などに据えた。〇六年危機の原因が「東ティモール警察や軍が政治的に利用されたこと」、「その後起きた一般市民による暴動を止める力を、治安機関がもたなかったこと」、「暴動の背景に、若年労働者の四四%が失業中という、大量の失業者の存在と不満があること」という判断から、その是正を行うことを目標に掲げたのだった。

〇七年にはまず、東ティモールが主導しつつ、実質的には国連が全面的に支援する形で一連の選挙が実施された。〇六年危機の後、政権を掌握していたグスマン大統領とホルタ首相は、首相のホルタ氏が大統領選挙に出馬し、グスマン大統領が「東ティモール再建国民会議(CNRT)」を率い、首相を目指すことを決めた。これに対し、前首相のアルカティリ氏が書記長を務めるフレティリンは、大統領選挙にロロ党首を担ぎ、国政選挙ではフレティリンが第一党となり、政権を獲得することを目指した。ここに「グスマン氏」対「アルカティリ氏」の対立の構図が鮮やかになった。

大統領選挙では、一次投票では、フレティリンのロロ党首が最大の得票を獲得したが、二回目の決戦投票で、その他の候補者の票がホルタ候補に流れ、ホルタ氏が大統領に当選する。また完全比例代表制で行われた国会議員選挙では、全体の六五議席のうちフレティリンが最も多い二一議席を獲得し、グスマン氏率いるCNRTは、一八議席に留まった。しかし選挙後、CNRTが他の三つの政党と連立政権を組み、グスマン首相を実現する。

現政権の正統性をめぐって

これに対し、最多議席を獲得したにもかかわらず野党になったフレティリンは、「第一党を除外した政権を作ったことは憲法違反だ」として、グスマン首相が率いる現連立政権は「正統性をもたない」と、選挙後から一貫して主張している。まさに「正統性の有無」が、現在の東ティモール政治の主要争点になっているのだ。

「現政権に正統性がない」という最大野党フレティリンの主張について、現政権側はどう反論するのか。私はまず、外務大臣のザカリアス・ダ・コスタ氏に長時間インタビューを行った。ダ・コスタ外相は、この問題について、選挙結果と、その後の政策の双方から、丁寧な主張を繰り広げた。

「憲法の規定は、大統領は、最初に最大得票を得た政党に対し、政権を樹立するよう求めることになっていますが、それが困難な場合、大統領は第二党に政権作りを要請できることになっています。選挙後にできた反フレティリン連合が過半数を確保し、フレティリンが単独では三分の一に満たない状況である以上、ホルタ大統領がグスマン氏を首相に任命したことは当然で、現在の連立政権が『正統』であることに疑いはありません」

「一方で、一般の人々の目からみた政権の『正統性』は、選挙の結果だけでなく、実際に私たちが直面する問題を一つずつ解決し、生活が日々よくなり、インフラも整備されていると実感できるかどうかが焦点です。その意味で私たちの政権は、①国内難民の帰還、②反乱勢力であったレイナード派の取り締まり、③六〇〇人に上る嘆願者への対策、④独立運動に献身した退役軍人に対する年金、⑤若年労働者の雇用促進、などについて、大きな成果を上げています。その意味では、多くの人が、私たちの政権に『正統性』があると感じていると確信しています」

ダ・コスタ外相

ダ・コスタ外相の主張は、その政策に賛否両論あるにせよ、政府が直面する緊急の課題に対処しているという意味では事実である。まず〇六年危機の最初のきっかけとなった、軍を離脱し解雇された約六〇〇人の嘆願者について、現政府は一人あたり約八〇〇〇ドル（八〇万円）のお金を渡すことで和解を行い、反政府活動を止めさせることにほぼ成功した。

また〇六年危機の際に戦闘行為に参加し、その後反政府活動を続けていた元東ティモール軍憲兵隊長、アルフレッド・レイナードは、〇八年二月にホルタ大統領とグスマン首相に対する武力攻撃を敢行したものの、クーデターは失敗に終わった。レイナード氏はその場で死亡し、残りの部下は投降した。（ホルタ大統領は被弾したが一命を取り留め、公務に復帰した。）

また一五万人ともいわれる国内難民については、被害に応じて最高四五〇〇ドル（四五万円）の支援金を出す政策を打ち出し、その結果、ほぼ八割の国内難民がキャンプを離れ、自らの地域に戻った。さらに政府は、インドネシア占領時代に抵抗闘争に加わった退役軍人に対し、年功や序列によって月八五ドルから五五〇ドルもの年金の支給を始めた。さらに、六五歳以上の老人や障害者に対する月二〇ドルの年金支給も開始する。

一体どこにそんなお金があるのか、と思うが、これには理由がある。東ティモールが手にした新たな石油収入である。東ティモールとオーストラリアの間の海底には、石油が埋蔵され、オーストラリアが採掘し、精油も行っている。国連暫定統治時代、ＵＮＴＡＥＴがオーストラリアとその収入の分割について激しく交渉し、最終的に東ティモールが基本的に石油収入の九〇%、オーストラリアが一〇%を得ることで決着した。

東ティモール周辺の海に埋蔵された石油から得られる収入は、現在確認されている範囲で、約一兆四〇〇〇億円と推定されている。東ティモール政府はこれを「石油基金」として、IMFの支援のもとで管理している。この基金の利子収入で、毎年四〇〇億円の石油収入が政府収入として入ることになった。（毎年四〇〇億円以上使わなければ、基金は減らず、未来永劫この収入が毎年入るとされている。）コーヒーなどが主要生産品である東ティモールの石油以外の税収入が五〇億円であることを考えると、膨大な収入である。

この石油収入を、現政権は積極的に、嘆願兵、退役軍人、高齢者、障害者、国内難民などへの支援に充てることで、まずは政治的安定と、国民からの支持を得ようとした。そして若年労働者については、韓国やフィリピンに一万人規模の若年労働力を引き受けてもらう契約を結び、さらに中国などとも同様の契約を目指し、労働者の技術向上と雇用機会の拡大を狙っている。

これに対し野党フレティリン側は、激しく批判している。フレティリンの書記長として実質的にトップを務めるアルカティリ元首相は、私とのインタビューで、

「〇七年の選挙で、私は勝利したのです。最多の議席を取った政党が政権に就くのは、民主主義の常識であり、東ティモールの憲法も基本的にそう定めています。その意味でこの政権に

『正統性』は全くないと考えています」

「私も、退役軍人や障害者への年金などは支持します。しかし、軍の規律に反して駐屯地を離れた嘆願者にまで多額のお金を出した事は、全く認められません。将来、大きな禍根になります」

「現政権は、もともと正統性が欠如している上に、有効な政策をとることができず、汚職の報道も続き、正統性は地に落ちています。ですから今彼らは、お金をばらまいて、なんとか『正統性を取り戻そう』と懸命なのです」

と激しい口調で、グスマン首相率いる現政権を批判した。

アルカティリ元首相

選挙結果の正統性、国会の正統性

こうした現政権の正統性をめぐる激しい党派間の対立に加え、今後、より幅広い政党や人々が、現在の政治システムを正統なものとして受け入れ、民主的な解決が普通になっていくためには、「選挙の結果そのもの」や、その結果生まれた「国会」について、野党や一般の人々がどう見ているかも重要であろう。

この点で希望を持てるのは、「現在の連立政権は正統でない」と主張する野党フレティリンが、「選挙の結果」そのものは公正なものとして受け入れ、「国会」についても正統なものとして認知し、その活動に積極的に参加していることである。

フレティリンの実質ナンバー2であり、〇六年の大統領選挙でホルタ元首相が大統領に就任した後、臨時首相も務めたエスタニスラウ・デ・シルバ氏が、詳細にその動機を語ってくれた。

「〇七年の国会議員選挙においては、国連が全面的にサポートしてくれた形で選挙が行われ、しかもその他の監視団も入り、共に『選挙は公正だった』と発表しましたので、私たちとしては、『選挙の結果に異議を挟むことはできるが、それは止めよう。公正な選挙として受け入れよう』と決断したのです」

「国会活動についても『政権の正統性を認めない以上、国会活動もすべきでない』という声もありました。しかし私たちは、フレティリンに投票した多くの住民の声を国政に反映する責任がありますし、東ティモールのような新国家で、民主的な議会運営を積み重ねることは重要だと考えています。ですから我々は、選挙と国会は正統なものとして、受けいれたのです」

そして「フレティリンが、非民主的な手段で政権を奪還しようとするのではないか」という声が一部にあるが、どう思うか、という私の質問に対しては、激しく反論した。

「もしそれが事実だとすれば、もうやっています。フレティリンが全国に固い組織を持つ唯一の政党であることは事実ですし、暴力的な手段で国家を混乱に陥れ、政権を握ることは可能かも知れない。だけど、決してそんな行為を我々はとらない。それをとるなら、私はフレティリンを辞めます。なぜなら、私も含めフレティリンのほとんどは独立のために闘ってきた人間であり、二四年間にわたる紛争がいかに悲劇的だったか、身をもって知っているからです。二度とそんな紛争にこの国を戻したくない。それは我々の正直な気持ちです」

と熱く語った。

私はアルカティリ元首相や、シルバ元首相などフレティリンの幹部数人にインタビューしたが、「民主的な方法で政権を奪還する」という点と「選挙の結果を認め、国会活動を尊重する」という点においてはみな一致しており、私が聞く限り、本音に近いものと思われた。

このフレティリンと政権側の国会内外での対話の促進について、〇六年の危機の後に国連特別代表に就任したアトル・カーレ氏は、こう強調した。

「私はフレティリンとグスマン政権の間で良好な対話の環境が築けるよう、政党の責任者を集めた対話の機会を継続して作っています。その結果、ある程度の信頼関係が培われてきた気がします。現在、フレティリンは民主主義のルールに則って、野党として責任ある役割を果たしていると私は思っています」

国連が介入することで、選挙が「公正なもの」として認知され、政党間の対話も促されているとすれば、「政治的対立を民主的な方法で解決していく規範」を培い、平和を定着させていく上で大きな役割を担う。問題は、国連が撤退した後もそうした民主的方法が維持され、再び内戦や暴動に戻ることがないように「自立」できるかどうかである。

住民の意識は

この点、一般の住民が、こうした民主的な選挙や、その結果つくられた政権についてどう感じているかが、非常に重要である。それを知るため私は「現政権」や「先の選挙」の正統性について、住民へのアンケート調査に盛り込んだ。調査を行った三つの県のうち、首都のあるディリ県と西に位置するリキサ県は、グスマン氏率いるCNRTの地盤であり、〇七年の選挙でも、フレティリンと比べ、二倍以上の票を獲得していた。一方、東にあるラウテム県は、伝統的にフレティリンが強く、CNRTの三倍近い票を得ていた。

アンケートの結果、CNRT支持地域とフレティリン支持地域で大きな差が存在することが分かった。「フレティリンが全国で最大の得票を得た以上、現政権は『正統でない』という議論があるが、どう思うか」という問いに対して、ディリ県の八〇％、リキサ県の七三％が現政権は「正統なものである」と答えた。つまりCNRTの地盤では圧倒的な人々が現政権の正統性を認めていた。一方で、東のラウテム県では、わずか二五％の人しか現政権を「正統なもの」と認めておらず、七六%が「正統でない」と答えた。つまり、フレティリンの主張が、その支持基盤では広く浸透していることを表している。

さらに深刻なのは、「選挙の公正さ」についても、大きな差が見られたことである。首都のあるディリ県で八三%、西のリキサ県で八七%の人が「選挙は自由で公正であった」と答えたのに対し、東のラウテム県では、「選挙は自由で公正だった」と答えたのは三八%にすぎず、六二%の人が、選挙自体が公正でなかったとし、その理由に「投票をめぐって買収行為があった」「票の集計に不正があった」などをあげていた。

国連やその他の監視団が、「選挙は公正だった」と正式に発表したにもかかわらずこうした結果が出たことは、東の人たちの間で、現政権に対する不満だけでなく、選挙など民主的なプロセス自体についての不信が生まれていることを表している。

このことは、将来的にこの国で民主主義のルールを確立し、暴力的手段でなく、平和的な選挙による政権交代を永く実現していく上で、大きな懸念材料であり、後に示すように、国連が撤退を開始する前にこの信頼醸成について集中的な政策をとる必要があることを示している。

治安セクターの改革

こうした政党間や住民間の信頼醸成と並んで焦点となるのが、東ティモール軍や警察を含めた「治安セクター」の改革である。〇六年の危機は、治安セクターが政治的に利用され、さらにその後起きた市民による暴動をコントロールできなかったことに大きな要因があった。

〇六年の危機を受け、〇九年一月現在、東ティモールには一五〇〇人の国連警察が常駐している。国連警察トップのホアン・リナレス氏によれば、現在四三か国から警察官が派遣されており、治安維持と東ティモール警察の訓練を行っている。さらに〇六年危機も含め、これまで法に触れるような行為をした警察官がいないか、一人ひとりについて再審査を行った。これまで二五〇〇人が審査をクリアし、数週間の訓練期間を経て全国各地の警察署に配属されている。

国連警察と東ティモール警察の人たち．卓上には，東ティモール警察の無線機（ディリ市内，メルカド・ラマ警察署）

私が、国連警察と東ティモール警察の共同パトロールを見たいと依頼したところ、半日間のパトロールに同行することを許してくれた。パトロールの途中立ち寄った、ディリ市内にあるメルカド・ラマ警察署を訪れた時、東ティモール警察の実態を見て、私はショックを受けた。

ここには六人の国連警察官と一八人の東ティモール警察官が駐在しているが、東ティモール警察は車すら持っていない。

事件が発生した時、国連警察の車に乗せてもらわなければ、現場に行くことさえできないのである。また国連警官が全員拳銃を保持しているのに対し、東ティモール警察官で拳銃を持っているのは、わずか一人だった。また警察活動に不可欠な無線機も、国連警察官は全員持っていたが、東ティモール警察には古い無線機一つしかなかった。

国連警察官は、拳銃や弾丸を含め、必要な装備を自国から持ってくることになっているが、東ティモール警察は自らの政府から供与されることになっている。しかし、無線、コンピューター、拳銃、車、レインコート、防弾チョッキなど、多くの備品を要請したが、実際にこの半年で届いたのは「机一つと椅子三つしかない」と、国連警察官の担当者が嘆いた。「これでは、警察官としての誇りが持てないのです」とも。

東ティモール警察の改革について、警察担当のフランシスコ・ゲテレス長官にインタビューした。ゲテレス氏はオーストラリアで博士課程を修了した学者だが、〇七年のグスマン政権の成立に伴い、東ティモール警察のトップに就任した。(なお、国防大臣と警察大臣はグスマン首相が兼任している。) ゲテレス氏はまず、現在の東ティモール警察の整備のレベルが極めて低いことと、海外からの支援の重要性を強調した。

「警察活動に必要な車も無線もコンピューターも不足し、警察署もひどい状況です。これでは誇りを持って仕事することができません。私はこれから政府予算を増やし、装備を充実するよう努力していきますが、政府予算だけでは限界があります。国際社会が、警察官の意識改革を進めるための訓練と、装備の充実について応援してくれれば、これに勝る支援はありません」

またゲテレス氏は、東ティモール警察が政治利用される危険についても率直に語った。

「〇六年の危機に対応できず、東ティモール警察は、人々からの信頼を完全に失いました。いま最も重要な改革は、警察官の意識改革です。この国の警察官は、職業に誇りを持って警察官になったのではなく、単にお金のためや、コネがあったから警察に入った人たちです。彼らは、職務上の実績で評価されるのではなく、どんな政治家と仲がよいか、どんな実力者とコネを持っているかで、出世が決まると考えているのです」

東ティモール警察が政治利用されやすい体質を持っていることを、そのトップが認めたことは驚くべきことであった。そして氏は、この意識改革こそ最優先課題であると強調した。

「現在、昇進に関する新たな基準を作り、あくまで職業上の実績によって昇進が決まるのだというメンタリティ(精神風土)を作ろうとしています。特定の政治家のために奉仕するのではなく、警察という組織のために働くのだという精神を作ることが不可欠なのです」

東ティモール平和構築への提言

東ティモールは、既に述べたように、国連警察が常駐している現在、治安は極めてよく、国全体で重大犯罪の発生件数が月に平均二件という治安のよさを誇っている。これは国連警察に対する信頼と同時に、東ティモールの人々の中に「罪を犯せば、いずれはカルマ（業《ごう》）によって自らも裁かれる」という伝統的な意識が根付いているからとも言われる。

こうした治安のよさや国連に対する信頼は、この国がこれから平和を定着させていく上で最大の財産である。治安さえしっかりしていれば、たとえ速度は遅くても開発のためのプログラムを実施し、少しずつ生活を改善していくこともできるからである。

それでは具体的に、それぞれの課題においてどんなことが望まれるのであろうか。調査結果の分析をもとに、私は国連PKO局、国連東ティモール統合ミッション、東ティモール政府に対しリポートを提出し、〇九年三月、ニューヨークの国連PKO局で発表も行った。リポートは、国連東ティモール特別代表をはじめ国連幹部に配られ、またネルソン・サントス東ティモール国連大使が、ホルタ大統領やグスマン首相、ダ・コスタ外相など東ティモール政府幹部に、一斉に配布してくれた。提言の主な内容は以下の三点である。

（一）政党間と住民への信頼醸成

すでに見たように、「現政権の正統性」だけでなく「選挙の公正さ」についても、フレティリン支持地域で起きている「不信」を解消していくために、国連が駐留している間に、地域の住民も含めた政治的な対話と信頼醸成の試みを繰り返し行うことが重要であろう。具体的には、国連ミッション主催で、現政権側とフレティリン、その他の少数政党も含めた対話集会を東地域も含めた各地で開き、①各政党は「過去の選挙は公正だった」と考えていることを伝え、②一方で住民の不満や要望を聞き、③さらに「政策の違いはあるものの、現在の政党はいずれも民主的なルールを尊重し、政権についても『公正な選挙』によって今後も政権を樹立していく」というメッセージを送り続けることが枢要である。対立政党のリーダー間だけでなく、それを支える住民との間にも信頼醸成を広げていくことが、より平和的で民主的なルールが定着していく上で重要であることは、デメロ氏の過去の取り組みへの評価や、今回のアンケート調査の結果からも明らかだと思われるからである。

(二) 治安セクター改革をすすめる

現在、国連ミッションがUNDPと協力し、各国から「治安改革」について支援金を募り、その基金を使って治安セクター改革を行う動きが進んでいる。特にゲテレス長官が力説した「意識改革」と「装備の充実」は、国連警察が撤退する前に大幅に改善する必要がある。

私が提案したのは、国連東ティモール統合ミッションと東ティモール政府が合同で「フィールド監視委員会」を設置し、全国一三の県に配備されている東ティモール警察を絶え間なく訪問し、その機能評価を行い、その状況を見ながら、慎重に国連警察の撤退時期を決断するというものである。警察が独自で治安維持ができるようになる前に、再度国連警察が撤退すれば、また同じような問題が発生する可能性が高いからである。

またこの「監視委員会」は、国連警察が撤退した後も東ティモールに残り、現地警察の現状や治安状況を継続して監視していくことが望まれる。また「監視委員会」は、積極的に東ティモール警察幹部や職員との対話を行い、信頼醸成や意識改革を促進していく役割も果たすことができるであろう。

こうした意識改革の必要性は、警察だけでなく、軍においても同様である。東ティモール軍ナンバー2のレレ将軍とナンバー3のサビコ将軍にもインタビューしたが、二人とも〇六年の危機において「軍の多くの司令官が政治家から電話を受け、クーデターの勧誘を受けていた。このような政治利用に毅然と対応する精神風土を、軍の中で確立するのが重要だ」と訴えた。

現実にはオーストラリア軍が、東ティモール将校のオーストラリアへの留学や訓練の実施など、意識改革のためのプログラムを行っており、国連には、東ティモール軍に対する直接の任務は課されていない。しかし、中央と地方の双方で軍と警察の対話の機会を増やすことで「警察と軍の信頼醸成」を促進することは、可能であり、かつ決定的に重要であろう。

(三) 失業対策

東ティモールでは毎年一万四〇〇〇人の新たな若年労働者が生まれるが、そのうち四〇〇人分しか正規雇用需要がないと言われている。若者に仕事がなく、不満が高まっていることが、〇六年の危機の大きな背景にもなっており、就業機会の拡大は最重要課題の一つである。

何キロも歩いて井戸水を汲みにきた少女(ラウテム県にて)

私はこの問題に関して、アフガンやインドネシアなどで行われている地域開発プロジェクトを、東ティモール全土でも実施することを提言した。

既に本書でも見たように、各村に地域開発評議会(CDC)を作り、その評議会がプロジェクトの内容を決め、それに対して政府が資金を提供し、住民自らが事業を実施していくこのプロジェクトは、アフガンでも圧倒的な人気を誇っている。また労働集約的な事業も多く、雇用の創出にもつながっている。

残念ながらアフガンにおいては、①持続性の問題(外国からの支援がなくなると継続が困難になる)、②治安の悪化によりプロジェクト実施が難しくなってきていること、この二つが大きな阻害要因になっている。

しかし東ティモールは、極めて治安状況がよく、しかも毎年四〇〇億円という安定した石油収入がある。三〇〇〇万人とも言われる国民を抱えるアフガンの全ての村でCDC事業を実施するのに必要な全予算が、七年間合計で八〇〇億円と推定されている。一方、人口一〇〇万人である東ティモールの全ての村でこのプロジェクトを実施することは、毎年生まれる四〇〇億円の石油収入の数十パーセントを利用すれば、十分可能であろう。しかも一度きりでなく、その気になれば未来永劫、プロジェクトを繰り返し行うことが可能なのである。

こうした住民の自発的な創意工夫を活かしたプロジェクトの実施により、灌漑整備、軽工業の育成、美しい自然を生かした観光産業の発達などを進めれば、住民が「少しずつ状況がよくなっている」という感覚を持つことができる。そして様々なプロジェクトに参加することで仕事を確保し、かつ少しずつ職能を向上させることもできる。その意味で、毎年四〇〇億円という貴重な資源収入を使い、それぞれの地域で開発プロジェクトを継続して実施し、雇用を長期的に創出していくことは、非常に効果が高いと考えられる。

長期支援の必要性

私が東ティモールに滞在していた時、国連東ティモール統合ミッションの治安部門を担当する新たな副代表として、川上隆久氏が就任した。川上氏は、国連アフガン支援ミッションの官房長の仕事を二年にわたって務め、その後、東ティモールの副代表に任命された。現在、世界各地に展開する国連ミッションの中で日本人として最も高い職責を担っているが、大変気さくで親切な方で、私はアフガンでもいろいろと調査に協力してもらっていた。

川上氏は学生時代、一年間学校を休学し、車やバス、テントを使ってアフリカ大陸を横断し、中南米の国を歩きまわった。その後、何度もアフリカを訪ね、治安や経済状況が次第に悪化する現実を目の当たりにし、「統治」の問題に関心を持つにいたった。その後、外務省に入り、九一年からはカンボジア選挙のため国連政務官として現地勤務をし、その後、国連本部や日本政府国連代表部で一貫してPKOに携わった後、〇七年からアフガン、〇八年から東ティモールという厳しい現場で国連ミッションを引っ張っている。日本人としてまさに平和構築を第一線で支えている川上氏に、東ティモールにおける今後の抱負を聞いた。

「私が担当している治安部門、つまり警察、軍、司法などの分野では、東ティモールが自らの手で問題を解決していけるようになるかどうか、まさに仕上げの段階に来ていると思います。治安部門がうまく自立できるかどうかで、東ティモールの平和構築全体が左右される面がありますので、私としても責任の重さを強く感じています」

「東ティモールは、九九年から国連の平和活動が入り、『国連の成功例』ともてはやされましたが、〇六年の危機があって『結局は失敗じゃないか』という批判も上がりました。だからこそ『そうじゃないんだ。今度こそ自立できるんだ』ということを示すことが、国連にとっても、東ティモールの人たちにとっても、非常に重要だと思っています」

「国際社会にも『東ティモールは一体いつまでかかるのか。他にもいろいろと紛争はある』という声があると思いますが、もう少し待っていただきたい。もしここで失敗すれば、国際紛争への取り組み全体に対する負の効果が大きいことも考えてほしい。国連、支援国、そして何よりこの国の人たちが、ここでもう一度気持ちを引き締めて、東ティモールに平和を定着させ、普通の発展途上国として自立することが、何より重要だと思います。そのために自分も全力を尽くすつもりです」

この章で強調したように、東ティモールで平和が定着するためには、政治的対立を民主的に解決していく信頼関係を培うとともに、軍や警察に従事する人たちの意識改革も不可欠である。そうした目標を達成するには、かなりの時間を要することは覚悟しなければならない。安上がりの撤退を行うことは、過去の過ちを繰り返し、結局、高い費用がつくことになる。あくまで東ティモールの人たちによる自立という最終目標を共有しつつ、安易な撤退を戒め、息の長い支援を行う重要さを、東ティモールの経験は物語っている。

第7章

これからの平和構築と日本

カンダハールの街角で(2008年6月)

これまでの日本の活動

この章では、まず日本のこれまでの「平和構築」への活動を振り返る。その後、第2章で提示した「平和構築において、正統な政府を確立する上で重要な五つの要素」(①国連の役割、②広範な政治参加、③現地の主体的決定、④平和の配当、⑤武力の行使のあり方)等について、アフガンと東ティモールの調査の結果を分析しながら、どうすれば日本がより大きな貢献を果たすことができるかを考える。最後に、これから日本が平和構築に積極的な役割を果たすことの意義について考察し、本書を締めくくりたい。

日本は、二〇〇三年に改定されたODA(政府開発援助)大綱において、「平和構築」が、日本の海外支援の重点課題の一つであると明記した。ちょうどこの年の一〇月、元国連難民高等弁務官の緒方貞子氏が、JICA(国際協力機構)一般職員も含めた内外からの強い要請を受けて、JICAの理事長に就任した。「平和構築」に取り組む大事さを、国連難民高等弁務官時代から訴えてきた緒方氏のJICAへの就任は、日本がより本格的に「平和構築」に参加する機運を大きく高めた。

冷戦が終わった後、日本はカンボジア、コソボ、東ティモール、パレスチナ、スーダン、アフガニスタン、イラクなどにおいて平和構築に関わってきた。主な活動は、選挙監視要員の派遣、文民警察の派遣（カンボジアや東ティモール等）、法律整備の支援（カンボジア等）、アフガンで見たＤＤＲなど統治機構の支援、さらに政府機能の拡充に向けた支援や、地域での開発支援、職業訓練など、多くの分野にまたがっている。さらに、世界中に展開している国連ＰＫＯ活動の予算の、一五〜二〇％を日本が財政負担している。財政的な裏付けがなければ、どんな平和構築活動も実行不可能であり、こうした日本の財政的な貢献は、極めて貴重で重要である。

一方で、日本の自衛隊の海外への派遣も、平和構築にどう関わるかという問いと密接に関連してきた。日本はまず、冷戦後まだ間もない一九九二年に「国際平和協力法」を可決させ、自衛隊が国連ＰＫＯ部隊に参加することを可能にした。法律は、翌年に選挙が予定されていたカンボジアの平和構築に参加することが、一つの大きな狙いであった。

この「国際平和協力法」のもと、これまで一〇を超えるＰＫＯ活動に政府要員が派遣され、そのうちカンボジア、モザンビーク、ゴラン高原、東ティモール、そしてスーダンに自衛隊が参加している。ゴラン高原に展開している「国連兵力引き離し監視隊（ＵＮＤＯＦ）」は、イスラエル・シリア間の停戦監視を目的とした伝統的なＰＫＯであり、派遣されている約四五名の自衛官は、後方支援活動を担当している。それ以外の派遣は、基本的に「平和構築」を任務に含んだＰＫＯ活動であり、特にカンボジアと東ティモールには、六〇〇〜七〇〇人規模の施設部隊が派遣され、道路や橋の修理、給油や給水活動、民生支援業務などを行った。さらにカンボジアには停戦監視要員が派遣され、東ティモールでは、七名前後の司令部要員が軍事司令部の企画調整などに携わった。〇八年一〇月に閣議決定されたスーダンの平和構築に派遣される自衛官は二名で、軍事兵站調整や、情報分析などを担当する。

こうしたPKO部隊への自衛隊の派遣は、現地で高い評価を受けている。私は二〇〇三年にカンボジア、〇八年に東ティモールにそれぞれ滞在したが、その貢献は率直に評価されてよいと考えている。

国連の役割と多国籍軍

しかし、これからの日本の平和構築支援のための自衛隊派遣を考える上では、「国連ミッションと国連PKOが中心となった平和構築」と「多国籍軍が軍事部門を担う平和構築」について、冷静な分析が不可欠である。カンボジアや東ティモールへの自衛隊の派遣は、「国連ミッションと国連PKOが主役となった平和構築」への派遣であり、「国際平和協力法」のもと自衛隊を派遣することは、法的にも政策的にも一貫している。

一方イラクにおいては、あくまでアメリカを中心とした「多国籍軍」が駐留し、国家再建を進めていたため、日本は新たに「イラク人道復興支援特別措置法」を作り、人道復興支援という理由で自衛隊を派遣した。この派遣は、これまでの「国連を中心としたＰＫＯ活動に、国際平和協力法のもと自衛隊が参加する」という基本的な政策から、乖離した政策であった。もし今後、アフガンの国際治安支援部隊（ＩＳＡＦ）に「自衛隊」が参加することになれば、同じように特別措置法を作って派遣することにならざるを得ない。

平和構築において、外国の軍隊を「国連ＰＫＯ部隊に委ねるべきか」それとも「多国籍軍に委ねるべきか」という問題について、欧米諸国の中に国連ＰＫＯへの大きな不信感が未だにあることは事実である。私がインタビューしたヨヘムＩＳＡＦ文民代表も、「これはオランダの外交官としての答えです」としながら、以下のように話した。

「オランダが再び、本格的な軍事行動の指揮権を国連に委ねることはないと考えています。オランダ軍は、旧ユーゴで指揮権を国連特別代表に委ね、結果的にそれが我が軍の対応を遅らせ、スレブレニツァも含め多くの悲劇を招いたと感じています。ですから、停戦監視などの伝統的な活動を除いて、本格的な平和構築の軍事作戦では、ヨーロッパ諸国は多国籍軍が主な役割を担うべきだと考えています」

それに対して私が「アフリカのスーダンやコンゴ、シエラレオネなどでは、大規模な国連ＰＫＯが展開し、国連が指揮権を持っているが、その点はどうか」と聞くと、「それは、ある意味では、欧米諸国がまだそうした問題に本気でない、ということを示しているかも知れません。

もちろんこれは私見ですが」

と、かなり率直に話してくれた。このヨヘム氏の立場は決して彼個人の立場ではなく、欧米諸国の多くの政策決定者や軍事関係者が抱いている歴史観、見方である。

私は、欧米諸国が強調する右の多国籍軍のメリットについて、一般の「軍事作戦」や「平和執行」などの作戦においては、ある程度事実であると考えている。こうした作戦においては、指揮権の統一が重要であり、「平和執行」については、国連が承認した多国籍軍が主役を務めることがほとんどである。すでに見たように東ティモールでは、二度にわたり「国連安保理が承認した」オーストラリアを主体とした多国籍軍が派遣され、争乱や暴動を停止させたことは、間違いない。そしてこうした短期間の作戦である「平和執行」については、多国籍軍によって執行されることが、かなりコンセンサスになってきている。

一方で、新たな国家や統治機構をつくるために、より長期間の駐留を必要とし、しかも現地の人とのより深い関わりが不可欠となる「平和構築」の現場において、果たして多国籍軍がよりふさわしいのであろうか。この点、ボスニアやルワンダなどでの歴史的経験が、国連の平和維持部隊に十分な兵力を与えなかった国連加盟国の責任が問われないまま、逆に国連ＰＫＯによる平和構築そのものへの批判にすり替わっている面がある。

この点で特に注目すべきことは二つあると考える。一つは、「平和構築」において果たしてどちらがより「中立で公正な主体」として信頼され、住民から受け入れられやすいのか(つまり現地の住民から見て「正統性」を持っているのか)という点であり、もう一つは、「軍事と政治」が分離することから起きる不利益(デメリット)である。

国連PKOと多国籍軍のどちらが、より現地の人から受け入れられるのか。私は、アフガンと東ティモールで行ったアンケート調査でこの質問も盛り込んだ。具体的にアフガンにおいては「あなたは、外国部隊による軍事作戦について、国連が指揮権を持つべきだと思いますか、それともNATOやアメリカ軍が持つべきだと思いますか」と聞いた。また東ティモールでは「一九九九年から二〇〇五年までは国連PKOが駐留し、〇六年からはオーストラリアを中心とした多国籍軍が東ティモールに駐留しています」と前置きした上で、「あなたは国連PKO部隊と、オーストラリアが主導する多国籍軍のどちらをより好ましく思いますか」と、それぞれの状況にあわせ質問した。

その結果は、極めて明瞭であった。アフガンにおいては、パシュトゥーン人地域である南部のカンダハール県で七〇%、パシュトゥーン人地域で中部に位置するワーダック県で九八%、タジク人地域で中部に位置するキャピサ県で九八%の回答者が、「外国部隊については、国連が指揮権を持ち、軍事作戦の主役を務めるべきだ」と答えた(結果は巻末の資料参照)。先に見たように、アメリカ軍やNATOの軍事作戦そのものについては、過半数以上が支持しないと答えたパシュトゥーン人と、過半数の人が支持すると答えたタジク人の間で違いが見られたが、「国連が、外国部隊の軍事作戦の主役を担うべき」という点については、民族や住む地域を超えた要望があることが明らかになった。その理由として「国連軍(PKO)なら、市民に対する攻撃がなくなる」「国連はイスラムも含めたより多くの国の人を抱えているから、アフガンの文化に配慮してくれるはず」「国連は、ある特定の国の利益のために作戦を行わないし、いろいろな部族に対しても公平だろう」と多くの人が答えた。

東ティモールにおいても、首都のディリで七八%、西のリキサ県で八四%、東のラウテム県で九三%の人が「国連PKOの方が望ましい」と答えた。その理由として「国連は、一つの国の利益のために行動しない」「国連は東ティモールの各政治勢力に対して、より公平」「国連は、多国籍軍より東ティモール人のことを考えてくれている」などが多かった。実際に国連PKOによる治安維持と、〇六年からの多国籍軍による平和維持の双方を体験した東ティモールの人たちが、圧倒的に国連PKOをより望ましいと答えたことは注目に値する。

こうした結果は、「住民からの支持」において、国連PKOにかなりの比較優位が存在することを明らかにしている。現在、東ティモールの野党として政府を批判する立場にあるアルカティリ元首相やデ・シルバ元首相も「多国籍軍が平和執行部隊として介入してくれたことは、みな感謝している。しかしその後の駐留は、国連PKOの形で行うべきだ。そうしなければ、人々は外国軍に統治されていると考え、『新植民地主義だ』と思ってしまうからだ」と強調していた。

もちろん、国連PKOや多国籍軍に対する現地の人の感覚は、歴史的な経験にも大きく依存する。コソボでもNATOを中心とする多国籍軍が治安維持を担ったが、「ヨーロッパに属する」と意識する住民が多いコソボでは、多国籍軍に対する現地の反発は、それほどなかったと言われる。またルワンダでは国連部隊が、結果的に虐殺を止めることができなかったと人々が感じており、国連部隊に対する反発は今も大きい。もしルワンダで国際治安維持部隊の展開が必要になった場合、たとえばアフリカ連合(AU)などの展開がより望ましいかも知れない。

こうした個別事情はあるにせよ、一般的に「国連PKO活動が持つ固有のレジティマシー(正統性)」が現実に存在し、それが多国籍軍に対して、少なくとも「比較優位」を持っているであろうことは、広く認識されていいと思う。アフガンにおいて、アメリカ軍や多国籍軍が、現地の人たちの猜疑心や反発によって、その正統性の維持、確保に苦しんでいるのを見れば(〇九年一月に発表された米メディアABC放送のアフガン調査でも、NATOやアメリカ軍への支持が急激に下がっていることが大きく報じられた)、この問題は、日本の自衛隊の派遣を考える上でも見すごすことはできない。

それに加えて「政治と軍事の統一」というメリットが、国連PKOにはある。アフガンと東ティモールの調査で明らかになったように、現地勢力が選挙の結果に従ったり、武装解除に応じたりする場合、国連が「公正な第三者」として信頼されるかどうかが決定的に重要である。そして「国連ミッション」と「国連PKO」が平和構築の主役を務める時、「政治」と「軍事」を有機的に連携させることが、より容易になる。一方アフガンのように、アメリカ軍、ISAF、国連などが異なる指揮権で動くとき、政治と軍事の連携は、より困難になる。反政府武装勢力との和解など、繊細な対応が必要なプログラムを実施する時、国連がアメリカ軍などの軍事作戦をコントロールできないことで信頼を失う場合があることは、すでに見た通りである。

こうした点を考えあわせると、今後の日本の「平和構築に対する」自衛隊の派遣については、既に一〇年以上の歴史を持ち、国民の中にも理解が進んでいる「国際平和協力法」に基づいた「国連PKO活動への参加」を軸に考えることが、基本的な理念になり得ると私は考える。

イラクの国家再建でアメリカが多大なコストと犠牲を払った揺り戻しから、今後、国連PKOが主体となる平和構築活動は、さらに増えていく可能性がある。こうした平和構築への幅広い参加の一つとして自衛隊の参加も考えていくことが、日本国内の合意、国際社会からの評価、そして何よりも実際に紛争地域で苦しむ人たちへの貢献という意味において、基本になる考え方ではないだろうか。

その上で、国連が主導しない形で進む平和構築にどう貢献するかであるが、それは、個々のケースを見ながら、現実的な判断をしていかなければならない。たとえばアフガンについて、陸上自衛隊の派遣も検討されているが、このタイミングでの多国籍軍への派遣は、すでに四〇を超える国が参加している中、アフガン現地での平和の促進という面でも、国際社会に与える印象においても、あまり効果はないと考えられる。また実際に自衛隊を派遣した場合、自衛隊員だけでなく、既に、アフガン政府の各部署に入ってアフガン人職員と机を並べ、献身的に政府支援に携わっているＪＩＣＡの職員や専門家など日本人スタッフが、攻撃の標的になる危険が、現実に存在する。ＪＩＣＡのスタッフが今も支援を続けることができている理由の一つが、「これまで軍隊を送ったことのない日本人に対する信頼」に依拠していることは、事実である。

総合的に判断すると、アフガンにおいては、日本の経験と知識、信頼を活かした活動、特に第5章で詳述した「和解の促進」のために、枠組み作りや資金提供も含め、主体的な役割を担うことが最も効果的で、かつ日本が培った独自の信頼を、最大限活かせる支援だと考える。

一方、アフガンのアンケート調査で支持の高かった多国籍軍の国連ＰＫＯへの改編であるが、ここまで治安が悪化し、しかもそれぞれの国がアフガン各地域で「地方復興チーム」として、批判はあるにせよ多くのプロジェクトを始めている現状では、それを全て止めて、一から国連ＰＫＯに再編することは、非現実的と考えざるを得ない。ただ、アフガンの治安が極めて安定していた二〇〇二年の段階で、国連ＰＫＯが治安維持を担当し、同時にタリバン等との和解を大胆に進めていれば、現在の状況は一変していたかも知れず、この点、将来の平和構築にとって大きな教訓だと思われる。

統治機構の整備を支援

日本の平和構築への貢献を考える時、「自衛隊の派遣問題」に議論を集中することは、より建設的な議論を妨げてしまう危険がある。すでにみたように、平和構築の目標が、政府機能や統治機能の整備であり、「国が国として機能し、平和を定着させる」ことである以上、国連PKO部隊への派遣とは別に、果たすべき貢献は山のようにある。

その中でも警察の育成のための支援は、統治機構を整備する上で決定的に重要である。日本では、カンボジアの国連PKO活動において、七〇名を超える文民警察官を派遣したが、一九九三年五月、文民警察官の一行が何者かに襲われ、高田晴行警視正が貴い命を犠牲にされた。それ以来、国連PKOへの警察官の派遣は長く見送られてきた経緯がある。

しかし東ティモールなどは、先にみたように治安もかなり安定し、直接の警察活動以上に、現地の警察組織や制度の整備が、より重要になってきている。実際、日本政府は二〇〇七年、東ティモール国連ミッションに二名の警察官を派遣し、情報収集などを担当し、国連警察活動への参加を再開した。

シエラレオネやブルンジなど、ある程度治安が回復した国家や、今後、平和構築の進展に伴い治安がよくなった国などで、新たな警察機構の整備が必要になる国は増えるであろう。まずそういった平和構築の現場に、日本の警察官が参加し、日本が誇る交番制度も含め、現地の実情に合った警察活動の向上のために、組織作り、訓練の実施、ガイドラインの作成、その他警察行政一般について支援できれば、大変な貢献になるであろう。

もちろんこうした国への警察官の参加は、基本的に本人の意志によって行われるべきであり、治安上のリスクも含め、誠実な情報提供を行った上で、最終的には警察官本人の意志によって決断されるべきである。一方、警察官の派遣は、一定の期間が終われば、また日本に戻り安定した仕事につけるというメリットがある。こうした現場の経験を積んだ警察官が、ある一定の期間日本で勤務した後、また他の現場に行くことができ、さらにそれが本人のキャリア設計や昇進にも反映される制度さえできれば、日本の警察官で、こうした国際貢献、平和構築に参加し、日本だけでなく世界の人々の安全に寄与したいと考える警察官は決して少なくないと私は思う。

さらに平和構築の現場では、法律の整備が欠かせない。大きいものでいえば憲法の作成があり、憲法が作られた後にも、刑法、民法、行政法など、あらゆる分野の法律整備が必要になる。こうした法整備の支援ができる専門家を常に養成し、需要に応じて派遣も行い、資金援助もできるようになれば、その貢献は測り知れない。もちろん法律だけでなく、行政機関の整備も同様である。予算編成、公共事業の調達や実施、人事制度の整備など、ありとあらゆることを、一から作っていく必要がある場合が多い。

和解に関する専門家の養成を

またアフガンと東ティモールの調査は、和解プロセスによって「広範な政治参加」を達成することが、平和の定着化にとっていかに重要かを示唆している。特に「平和構築の初期の段階で、抵抗勢力の力がまだ弱い時に和解を行うこと」ができていれば、アフガンの現状は全く違っていたはずだと、国連やアフガン政府の要人が共通して考えていることは、今後の平和構築を考える上で貴重な教訓である。

しかしこの和解を進める時、どうしても決断を迫られるのが、「戦争中に多くの殺傷行為をした敵の勢力の罪を、完全に許していいのか」という問題である。これは、あらゆる平和構築の現場における、非常に難しい問いであり、こればかりは、なかなか外部主体には決定できず、紛争当事者自体の意志に、ある程度委ねざるを得ない面もある。

東ティモールにおいては、基本的に「重大犯罪を犯した人間には裁きを、それ以外の加害者とは和解を」という基本理念で和解を進めてきた。現実には重大犯罪を犯した併合維持派の民兵の多くがインドネシア領内に逃げており、その人たちを国境を越えて逮捕するような行為は、インドネシアとの良好な関係を望む東ティモール政府が行っておらず、全体としては和解をより重視してきた。一方アフガンにおいては、二〇〇七年にアフガン国会が「〇二年より以前に起きた紛争については、あらゆる行為を恩赦の対象とし、罪に問わない」という法律を可決している。この法律については「戦争犯罪に対する処罰をないがしろにするものだ」という批判が強くあるが、国民の選挙によって選ばれたアフガンの立法府が、「和解を優先する」と決断した以上、尊重すべき面があることも事実である。そして多くの国民が「今は和解によって平和を築く時」と考えていることは、第5章で詳しく見たとおりである。

この「和解」と「裁き」の問題については、まだ新しい問題で専門家も乏しい。しかし南アフリカ、シエラレオネ、東ティモールなど各地で、真実と和解を追求する和解プロセスが行われている。こうした過去の和解プロセスについて包括的な調査を行い、将来への教訓を世界に発信しながら、新たに始まるであろう和解プロセスを日本が積極的に支援し、エキスパートも増やしていくことができれば、まさに「平和国家」日本に相応しい貢献となる。

現地の主体的参加と決定

現地の住民や政府による主体的参加と決定(Local Ownership)について、アフガンと東ティモールでの調査は以下のようなことを示している、と私は考えている。

一つは、武装解除や選挙の実施、そして反政府勢力との和解など、いわゆる「政治的なプログラム」については、現地の主体的な参画が不可欠であるものの、その実施や結果については、外部アクターが責任を持つことが極めて重要であるという点である。なぜなら、紛争によって現地の統治機構が崩壊している場合、政治勢力が武装解除に応じたり、選挙の結果を受け入れたりするのは、国連など外部アクターを、公正な第三者として信頼している場合が多いからである。

こうした外部アクターが仲介したり監視したりすることで、初めて現地の勢力が選挙や武装解除、和解のプロセスなどを信頼し、そのプロセスに参加するのだとすれば、事前の約束通りプログラムが実行されるよう国際組織が責任を持つことは、当然の責任だと思われる。「現地の主体的参加と決定」は、事前に約束した内容を実行しないことの言い訳にはならない。もちろん、何度かこうした政治プログラムを公正に実施し、現地勢力がそれを受け入れれば、やがて現地の政府だけで選挙の実施などが可能になり、外部アクターの存在も必要なくなると考えられる。

一方、「経済的なプログラム」については、なるべく、現地の住民の参加や決定を重視し、その結果についても、できるかぎり現地の政府の成果として強調することが重要だと思われる。

それが、現地の新たな政府や統治機構に対する信頼や正統性を高めることに大きく寄与するからである。アフガンのCDC(地域開発評議会)が、住民にとって唯一の希望として高く評価されていることは、こうした主体的な参加を促進することの大事さを物語っている。

しかし考慮しなければいけないのは、紛争地域においては、現地政府の機能が崩壊していることが多く、ある程度、外部アクター(国連や支援国など)が主導的な役割を果たさなければ、援助の実施が難しい場合が多いことである。一方、平和構築が始まった最初の時期は、住民の平和への期待も高く、この時期に大規模な支援を行い、目にみえる形で生活を改善し、平和の配当を実感してもらうことは、その後の平和プロセスを促進する上でも決定的に重要である。

では、どうすればよいのか。基本的には、次のような二段構えの方法を取ることが効果的ではないだろうか。

(一)平和構築の初期の段階では、外部アクターが中心になってでも人道支援など緊急援助に加え、①水道、②電気、③医療、④道路、といった比較的短期間で改善可能で、住民のニーズが高いものについて大規模な援助を実施し、「平和の配当」を人々が直接感じることができるようにする。

(二)それと平行して、なるべく早く現地政府や現地住民の主体的な参加や決定によって実施できるプログラムを立ち上げ、より長期的な開発に向けた事業ができるよう、移行していく。

もちろん、実際の方法はそれぞれの現場に応じて柔軟に考える必要があるが、一つの基本的な方針になると思われる。

政府開発援助とNGOの有機的連携を

日本において、初期の大規模支援を行うことができる主体は、JICAであろう。JICAはすでに平和構築の初期段階での支援に乗り出している。反政府軍と政府軍の間で紛争が繰り返されているフィリピンのミンダナオでは、停戦合意ができた後、二〇〇六年からJICA職員がミンダナオ復興開発担当上級アドバイザーとして派遣され、施設の修復、給水施設の整備などを行いつつ、総合的な復興開発計画の策定に貢献している。また、スーダンにおいては、南北の和平合意が成立した後、スーダン南部の中心都市ジュバ市におけるインフラ整備の支援を始めている。平和構築の初期段階における大規模支援を次々と行うことで、今後、JICAが平和構築支援の拠点として活躍する場面が拡大することが期待される。

初期段階の支援に平行して、住民の意志や決定を尊重した事業をどう実施していくかであるが、これに関しては世界各地で活動しているNGOとの関係強化も効果的であろう。

ここで、私が取材した東ティモールの東部で活動を続ける日本のNGO「アフメット」(AFMET＝東ティモール医療友の会)の活動について紹介したい。東ティモールでは、五つを超える日本のＮＧＯが早くから活動を行い、灌漑など農業支援、船作りを始めとした漁業支援など多くの草の根支援を広げてきた。アフメットもその中の一つであり、主に医療支援を継続して行ってきた。

東ティモールでの国民投票とその後の争乱が起きた一九九九年に、以前から東ティモールで支援活動を行ってきたシスターの亀崎善江さんと日本カトリック信徒宣教教会が協力して、アフメットを設立し、ラウテム県のロスパロス市を中心に活動を始めた。まず医療クリニックを建設し、現地の人々への医療活動を始めると同時に、地域ヘルスワーカーを養成し、住民の医療環境の改善を目指した。

それから八年。アフメットが日本での献金とＪＩＣＡの草の根支援事業の支援によって活動を続けた結果、クリニックでは医師と看護師、地域スタッフの一〇人が常駐して診療を行い、急患が発生すれば深夜でもトラックを飛ばして診療し、ロスパロスの人たちの暮らしにとって欠かせない存在になっている。また地域ヘルスワーカーの養成のため、年二四回の講習を、道もないような僻地にも出かけて行い、ラウテム県全体で合計一六〇人の地域ヘルスワーカーを養成した。ヘルスワーカーは、手洗いの奨励、家族計画の啓発、マラリアや下痢、皮膚病を防ぐ工夫の推進など住民に対する保健支援を行う。また村で病人が発生したら体温を測って地域の病院に連絡し、速やかに診療が受けられるようにするなど、地域医療の中核的な役割を果たしている。さらにこうしたヘルスワーカーが中心になり、現地の薬草を使った天然石鹸作りを始め、石鹸を使うことによって衛生状態を改善すると同時に、地域の所得増進にも貢献している。私も、石鹸を作りながらヘルスワーカーとして活躍する一人を訪ねた。彼は、「アフメットのヘルスワーカーに認定され、地域の人たちの手助けをし、石鹸作りも始めて村の人たちの役に立っていることを、今とても誇りに思い、幸せに思っています」と輝くような笑顔で話してくれた。こうしたヘルスワーカーはみなボランティアであるが、今後、東ティモール政府の地域保健士としても登録され、活躍する予定になっている。アフメットが一〇年前に始めた事業が、ラウテム県全体の医療行政を支える役割を担っている。

現在アフメットでは、歯科医師であるプロジェクト・コーディネーターの小林裕さんとアドミニ・ファイナンス・オフィサーの佐藤邦子さんの二人が日本人として駐在している。二人がそろって強調したのは、

「いずれ、私たちの活動も終わるときがきます。その時、どうしたら地元の人が、地元の人たちだけで事業を続けていけるのか。常にそのことを考えて活動を行うようにしています。そのために、なるべく現地で手に入るものを使い、現地の人たちの意志やペースを尊重して活動を行うよう、いつも努力しています」

ということであった。

アフメットのように、電気や水道も満足にない厳しい生活環境の中、紛争後の現場で活動を始めた日本のNGOは世界各地に存在する。たとえば、パキスタンとアフガンにおいて二〇年以上前から医療支援を行っているNGO「ペシャワールの会」は、二〇〇二年以降、灌漑用井戸の掘削や灌漑用水の整備によって、砂漠化を食い止め、新たな耕地を広げる努力に地元住民と一緒になって取り組んでいる。会の現地代表の中村哲医師は、スタッフの伊藤和也さんが〇八年八月に殺害され、他の日本人スタッフがアフガンからの撤退を余儀なくされた後も再び現地に戻り、工事の陣頭指揮をとっている。会報によれば、活動によって新たにできた耕地は、一万三五〇〇ヘクタールという巨大なものであり、何十万人もの農民の命綱になっている。

こうした地域密着型のNGOが今後、世界中で活動を展開できるよう、政府を含め日本人一人ひとりが、平和構築に携わるNGOの活動を一層支援していくことが求められる。

JICAで専門家のプールを

平和構築に関わる業務は、「政府の統治機構の整備」、「法律の整備」、「行政機能の整備」、「地域開発」など、どれも極めて専門性の高い仕事である。そしてこのような業務において専門性を高めていくためには、様々な平和構築の現場で経験を積むことが必要になる。

しかし、国連ミッションや日本のNGOに勤務する人の多くが、若いうちはいいものの、その後の人生設計について大きな悩みを抱えている。国連ミッション、日本のNGOのいずれもが主に短期契約であり、その後の保障が全くない不安定な状況で仕事を続けるケースが圧倒的である。かといって、一生紛争地域だけをめぐり、家族を持つことも困難な人生を貫徹するよう求めることは過酷であり、結果的に平和構築の専門家を養成することも難しくなってしまう。

この問題を解決する一つの方法として、JICAに「平和構築タスクフォース」のような部署を新たに作り、常時一〇〇人ほど平和構築に携わる専門家を確保することが考えられる。この部門で武装解除、政治的和解、行政機構の整備、法制度の整備、平和構築における開発援助などの専門家を永続的に雇用するという案である。

もちろんそのスタッフは、人生の半分ほどは、国連ミッションや海外のNGOなどで勤務することになるであろうし、国連で勤務している間は、国連から給与が支払われる。しかし数年の勤務の後JICAに戻り、日本で自らの現地経験をJICAの平和構築のための政策作りに活かし、より若い人たちにその経験や専門性を伝授していく。そして一定の期間を経て、また平和構築の現場に、NGOや国連に所属するエキスパートとして戻っていく。

こうした制度が定着すれば、JICAでの安定した雇用関係を維持しながら、自分の特性とその時その時にできる平和構築のための国連ミッションやNGO活動に参加し、より専門性を高めていくことが可能になるであろう。そしてより多くの日本人が、一生をかけて平和構築に寄与することが可能になると考えられる。「平和構築」を進めるのが人間である以上、なんといってもそうした業務に携わり貢献できる人を育てることこそ、最も大事なことであろう。

「平和構築国家」になる意味

しかし、そもそもなぜ日本がこうした平和構築に積極的に関わることが必要なのか。こうした疑問を抱かれる方も多いと思う。特に経済危機が世界的に広がる中、他の国のことまで考える余裕はないと率直に思われる方も多いのではないか。

だが日本は、あくまで自国で作った製品を世界に売ることで、その暮らしが成り立っている。たとえばアフガンや東ティモールにとっても、日本は主要貿易相手国であり、街には日本車や日本の電化製品があふれている。こうした世界中の人との結びつきの中で私たちの暮らしがなりたっている以上、世界の中で大きな苦しみに直面している人がいれば、それを支援しようとすることは、ある意味で自然なことではないだろうか。日本において社会福祉や医療に従事する人を「偽善者」と呼ぶことがありえないように、海外において、災害や戦争によって苦しむ人たちを支援することも、普通のことになってきている。それは、〇四年に起きたインドネシアでの津波被害への支援に代表されるように、世界各地の自然災害に対して、各国が直ちに支援に乗り出すようになったことでも分かる。

さらに紛争地域を放置することは、アフガンで見られたように、人心の荒廃や、世界的なテロリズムを増進することにもなる。こうした無差別攻撃が各国政府の軍事費を押し上げ、環境破壊や自然災害への対応、貧困対策や感染病対策のための費用が不足することにもつながっていく。逆にいえば、平和構築を通じ世界の平和と安定を促進できれば、まわりまわって、日本も含め世界中の一人ひとりの安全や健康、暮らしによい効果をもたらすことにもなる。

ＪＩＣＡの理事長として、平和構築に積極的に参加するようリーダーシップを発揮し続けている緒方貞子さんに、なぜ日本が平和構築に関与すべきと考えているのかを聞いた。「それは、日本はアイソレーション(孤立)の中で暮らしているわけではないからです。世界はすでに『相互依存』の時代になっている。『相互依存』がグローバリゼーションの実態です。その『相互依存』の世界で暮らしていくためには、日本だけがいいというのでは、足りません。日本がそれなりに持っている資力や人力をもって、相互依存の世界をよくしていかなければいけない。だからこそ、世界の中で大きな問題があれば、それを改善するために努力するのです。自然災害にしても地震にしても、なぜ緊急援助隊を送るかといえば、人々が苦しんでいるときには、日本も含めて世界の人々が対応するのが当然だからです。平和構築に日本が参加することも、同じことだと思っています」

日本が世界中に製品を売って、その貿易や交流の中で生きていくとき、国際的な貢献をするか否かにかかわらず、「日本という国はどんな表情をした国なのか」ということは、常に他の国の人たちから問われている。これまで日本は、自動車や電気製品に代表されるように「その製品が信頼できる国」として見られてきた面があった。こうした信頼に加え、「日本といえば、平和構築に真剣に参加し貢献している国」、つまり「平和構築国家」として認識されるようになることは、日本にとって選択可能な一つの進路だと思う。

第二次世界大戦の敗戦と荒廃から復興を遂げ、戦後、平和憲法の下、海外の戦争に参画しない方針を貫いてきた日本が、世界の平和構築の現場に積極的に参加し、現地の人たちの平和づくりのために何が一番よいかを真剣に考え、行動する。その結果、「日本といえば平和構築を一生懸命やる国」という信頼を培うことができれば、それは、日本人全体に対する大きな信頼にもつながるはずである。

そんな信頼を世界の人々から得ることは、相互依存の世界で生きていく日本にとって、かけがえのない財産になるであろう。それはまた、戦争の惨禍から立ち上がり、身をもって平和の大事さを知った日本が世界に発信できる、大きなメッセージでもないだろうか。

あとがき

「平和構築に貢献できるような専門家になりたい」と考え、カナダのブリティッシュ・コロンビア大学の大学院に留学するため、一一年間勤めたNHKに辞職願を出したのが二〇〇四年五月でした。それから五年、本当に多くの人の応援があって、この本を出すことができました。NHKのディレクターやプロデューサーの同僚や先輩の多くが、私が局を辞めてカナダで生活を始めた後も日本やニューヨークに行くたびに会を開き、励ましてくれました。元NHK解説委員長の山室英男さんには、国際政治一般のことから具体的な調査にいたるまで様々な助言をいただきました。また東京大学の山内昌之教授は、留学にあたって推薦状を書き、私の留学を応援してくれました。

今回の現地調査のために手紙を書いてくれたキャロリン・マカスキー元国連事務次長補、大島賢三元国連大使(現JICA副理事長)、高須幸雄国連大使に心から感謝しています。また元国連大使で現ドイツ大使の神余隆博氏は、数多くの国連職員に私を紹介し、調査を支援してくれました。現南アフリカ大使の小澤俊朗氏にも、貴重な助言を数多くいただきました、当時公使参事官で大阪大学教授の星野俊也氏にもご指導いただきました。石瀬素行参事官は、国連での調査についてきめ細かな支援をしてくれました。また嘉治美佐子公使、岸本康雄・あゆ子夫妻にも、ニューヨーク滞在中に私が病気になった時を含め、本当にお世話になりました。

ブリティッシュ・コロンビア大学の指導教官であるリチャード・プライス教授、ブライアン・ジョブ教授、キャサリーナ・コールマン教授、ポール・エバンズ教授の丁寧な指導のおかげで調査を進めることができました。また日本では、塩崎恭久議員が、外務副大臣時代を含め、一貫してこの調査を応援してくれました。高村正彦元外務大臣と上川陽子議員からは、特に危険のあったアフガンでの現地調査について応援をいただきました。また玄葉光一郎議員や藤田幸久議員は、NHKを辞めた後、私の調査や研究について常に励ましてくれています。

JICAの緒方貞子理事長、力石寿郎広報室長、中原正孝南アジア部長、永田邦昭中東・欧州部次長をはじめ現地のJICAの方々からも、貴重な助言と情報提供をいただきました。多忙を極める中、日本に帰るたびに長時間助言をしてくれている緒方氏に、心から感謝しています。

財団法人トヨタ財団は、アフガニスタンと東ティモールの実地調査のための研究助成をしてくれました。さらに現地において、国連アフガン支援ミッションと国連東ティモール統合ミッションが特別な協力をしてくれたことで調査が可能になりました。国連東ティモール統合ミッションの川上隆久副代表とガバナンス部門の部長の井上健さんには、現地でのコーディネートを含め、ひとかたならぬお世話になりました。国連ＰＫＯを一線で担うお二人と接する機会を得たことは、私にとって貴重な体験でした。また佐藤英夫駐アフガン大使、北原巖男駐東ティモール大使をはじめ現地の大使館の方々が、様々な形で調査に協力して下さいました。全国犯罪被害者の会代表の岡村勲氏は、この五年間ずっと私を励まし続けてくれました。

また、アフガンでの調査で通訳を務めてくれたワリッド・トラカイ氏、ハリッド・モナダザイ氏、ドライバーを務めてくれたアブダル・モナダザイ氏、東ティモールで通訳を務めてくれたジョアオ・サルメント氏に心からお礼を伝えたいと思います。

岩波書店の坂巻克巳さんと大塚茂樹さんは、二〇〇〇年に『我々はなぜ戦争をしたのか――ベトナム戦争・敵との対話』という本を編集していただいて以来、ずっと私の取材や調査に関心を向けて下さいました。今回は坂巻さんが編集を担当して下さいました。

また私たち家族をいつも応援してくれている義父と義母と義弟(星野雄、様子、裕)、そして実父と実母、実妹(東忠和、敦子、雪見)に心から感謝しています。広島で被爆した父と母の体験をどう世界の平和の問題につなげていくかは、私にとって一生の課題になっています。

最後に、三五歳で学生に戻り、カナダで留学を始めることを支持してくれ、今はカナダの学生相手に日本語を教える仕事をしてくれている妻の雅江と、カナダの学校にも慣れ、元気に学んでくれている息子の大誠に、心から感謝の念を伝えたいと思います。

二〇〇九年五月　カナダ・バンクーバーにて

東　大作

岩波新書より

現代世界

イスラエル　臼杵 陽
ドキュメント アメリカの金権政治　軽部謙介
中国という世界　竹内 実
ネイティブ・アメリカン　鎌田 遵
アフリカ・レポート　松本仁一
ヴェトナム新時代　坪井善明
ヴェトナム「豊かさ」への夜明け　坪井善明
イラクは食べる　酒井啓子
イラク 戦争と占領　酒井啓子
イラクとアメリカ　酒井啓子
ルポ 貧困大国アメリカ　堤 未果
エビと日本人 II　村井吉敬
エビと日本人　村井吉敬
北朝鮮は、いま　北朝鮮研究学会編 石坂浩一監訳
欧州連合 統治の論理とゆくえ　庄司克宏
バチカン　郷 富佐子

国際連合 軌跡と展望　明石 康
アメリカよ、美しく年をとれ　猿谷 要
アメリカの宇宙戦略　明石和康
日中関係 戦後から新時代へ　毛里和子
いま平和とは　最上敏樹
国連とアメリカ　最上敏樹
人道的介入　最上敏樹
大欧州の時代　脇阪紀行
現代ドイツ　三島憲一
ブレア時代のイギリス　山口二郎
「民族浄化」を裁く　多谷千香子
サウジアラビア　保坂修司
中国激流 13億のゆくえ　興梠一郎
多民族国家 中国　王 柯
ヨーロッパ市民の誕生　宮島 喬
東アジア共同体　谷口 誠
ネットと戦争　青山 南
アメリカ 過去と現在の間　古矢 旬

ヨーロッパとイスラーム　内藤正典
現代の戦争被害　小池政行
アメリカ外交とは何か　西崎文子
イスラーム主義とは何か　大塚和夫
核拡散　川崎 哲
シラクのフランス　軍司泰史
ロシアの軍需産業　塩原俊彦
多文化世界　青木 保
異文化理解　青木 保
アフガニスタン 戦乱の現代史　渡辺光一
イギリス式生活術　黒岩 徹
イギリス式人生　黒岩 徹
国際マグロ裁判　小松正之 遠藤久
デモクラシーの帝国　藤原帰一
テロ後 世界はどう変わったか　藤原帰一編
パレスチナ〔新版〕　広河隆一
「対テロ戦争」とイスラム世界　板垣雄三編
ソウルの風景　四方田犬彦

岩波新書新赤版一〇〇〇点に際して

ひとつの時代が終わったと言われて久しい。だが、その先にいかなる時代を展望するのか、私たちはその輪郭すら描きえていない。二〇世紀から持ち越した課題の多くは、未だ解決の緒を見つけることのできないままであり、二一世紀が新たに招きよせた問題も少なくない。グローバル資本主義の浸透、憎悪の連鎖、暴力の応酬――世界は混沌として深い不安の只中にある。

現代社会においては変化が常態となり、速さと新しさに絶対的な価値が与えられた。消費社会の深化と情報技術の革命は、種々の境界を無くし、人々の生活やコミュニケーションの様式を根底から変容させてきた。ライフスタイルは多様化し、一面では個人の生き方をそれぞれが選びとる時代が始まっている。同時に、新たな格差が生まれ、様々な次元での亀裂や分断が深まっている。社会や歴史に対する意識が揺らぎ、普遍的な理念に対する根本的な懐疑や、現実を変えることへの無力感がひそかに根を張りつつある。そして生きることに誰もが困難を覚える時代が到来している。

しかし、日常生活のそれぞれの場で、自由と民主主義を獲得し実践することを通じて、私たち自身がそうした閉塞を乗り超え、希望の時代の幕開けを告げてゆくことは不可能ではあるまい。そのために、いま求められていること――それは、個と個の間で開かれた対話を積み重ねながら、人間らしく生きることの条件について一人ひとりが粘り強く思考することではないか。その営みの糧となるものが、教養に外ならないと私たちは考える。歴史とは何か、よく生きるとはいかなることか、世界そして人間はどこへ向かうべきなのか――こうした根源的な問いとの格闘が、文化と知の厚みを作り出し、個人と社会を支える基盤としての教養となった。まさにそのような教養への道案内こそ、岩波新書が創刊以来、追求してきたことである。

岩波新書は、日中戦争下の一九三八年一一月に赤版として創刊された。創刊の辞は、道義の精神に則らない日本の行動を憂慮し、批判的精神と良心的行動の欠如を戒めつつ、現代人の現代的教養を刊行の目的とする、と謳っている。以後、青版、黄版、新赤版と装いを改めながら、合計二五〇〇点余りを世に問うてきた。そして、いままた新赤版が一〇〇〇点を迎えたのを機に、人間の理性と良心への信頼を再確認し、それに裏打ちされた文化を培っていく決意を込めて、新しい装丁のもとに再出発したいと思う。一冊一冊から吹き出す新風が一人でも多くの読者の許に届くこと、そして希望ある時代への想像力を豊かにかき立てることを切に願う。

（二〇〇六年四月）

東 大作

1969年，東京に生まれる．1993年から2004年までNHKディレクター．企画・制作した主なNHKスペシャルに「我々はなぜ戦争をしたのか——ベトナム戦争・敵との対話」(放送文化基金賞)，「犯罪被害者はなぜ救われないのか」，「憎しみの連鎖はどこまで続くか——パレスチナとイスラエル」，「核危機回避への苦闘」，「イラク復興 国連の苦闘」(世界国連記者協会・銀賞)など．退職後，2004年8月からカナダのブリティッシュ・コロンビア大学大学院に留学，2006年に修士課程を修了．現在は同博士課程で国際政治を専攻．著書に『我々はなぜ戦争をしたのか』(岩波書店)，『縛らぬ介護』(葦書房)，『犯罪被害者の声が聞こえますか』(講談社，新潮文庫)ほか．

平和構築
——アフガン，東ティモールの現場から　　岩波新書(新赤版)1190

2009年6月19日　第1刷発行

著　者　東《ひがし》 大《だい》作《さく》

発行者　山口昭男

発行所　株式会社 岩波書店
〒101-8002 東京都千代田区一ツ橋 2-5-5
案内 03-5210-4000　販売部 03-5210-4111
http://www.iwanami.co.jp/

新書編集部 03-5210-4054
http://www.iwanamishinsho.com/

印刷製本・法令印刷　カバー・半七印刷

ISBN 978-4-00-431190-4　　Printed in Japan

資料① アフガン・アンケート調査の主な結果

2008年6月，著者とそのスタッフが実施
地域と人数：合計260人

※カンダハール県(パシュトゥーン人地域)＝50人
〈内訳：パンジャワイ郡(9人)，ダマン郡(7人)，ダンド郡(8人)，アーガンダブ郡(7人)，スピンボルダック郡(10人)カンダハール市(9人)〉
※ワーダック県(パシュトゥーン人地域)＝102人
〈内訳：ジャルリッツ郡(51人)，マイダンシャー郡(51人)〉
※キャピサ県(タジク人地域)＝108人
〈内訳：コヒスタン・ワン郡(53人)，コーバンド郡(55人)〉

■問2　3年前と比べ，あなたの家族の状況は以下のそれぞれの点について，改善しましたか，同じですか，それとも悪化していますか？
(無効回答があった場合，合計が100%にならないことがある．単位：%)

	カンダハール県			ワーダック県			キャピサ県		
	改善	同様	悪化	改善	同様	悪化	改善	同様	悪化
医療施設	58.0	26.0	16.0	69.6	19.6	8.8	94.4	3.7	1.9
水の確保	66.0	18.0	14.0	50.0	42.2	6.9	49.1	45.4	5.6
電気の供給	10.0	28.0	54.0	52.9	42.2	2.9	47.2	49.1	3.7
経済状況	36.0	16.0	44.0	22.5	41.2	35.3	28.7	49.1	22.2
食事の状態	14.0	6.0	72.0	15.7	23.5	60.8	36.1	39.8	22.2
雇用状況	36.0	16.0	46.0	19.6	32.4	46.1	23.1	39.8	36.1
女子の通学	54.0	24.0	22.0	69.6	18.6	11.8	96.3	2.8	0.9
男子の通学	72.0	8.0	16.0	88.2	5.9	5.9	92.6	5.6	1.9

■問4　あなたは，アフガン新国家建設が，アフガン人によって行われていると思いますか？

	カンダハール	ワーダック	キャピサ
はい	28.0%	49.0%	48.1%
いいえ	72.0	51.0	51.9

■問5 「いいえ」と答えた場合，誰がアフガン新国家づくりを主導(リード)していますか？ (単独回答．割合は，それぞれの県の回答者全体を母数として計算)

	カンダハール	ワーダック	キャピサ
米国	56.0%	46.1%	36.1%
国連	10.0	3.9	7.4
他の支援国家	2.0	0	2.8
その他	0	1.0	0.9

■問 6　あなたは，地域開発評議会(CDC)に満足していますか？

	カンダハール	ワーダック	キャピサ
はい	92.0%	84.3%	95.4%
いいえ	8.0	15.7	4.6

■問 7　もし「満足している」と答えた場合，その理由は何ですか？
(複数回答可．割合は，それぞれの県の回答者全体を母数として計算)

	カンダハール	ワーダック	キャピサ
アフガン人が自ら事業を決定できるから	34.0%	73.5%	63.9%
アフガン人が他の国から資金を獲得できるから	4.0	42.2	20.4
CDC によって生活が改善しているから	58.0	50.0	46.3

■問 9　地域開発評議会(CDC)の事業に関して，今後何を希望しますか？
(複数回答可)

	カンダハール	ワーダック	キャピサ
CDC の事業が今後もずっと続くこと	60.0%	84.3%	73.1%
他の政府事業に変わること	0	11.8	11.1
CDC の事業予算が増えること	30.0	73.5	83.3
CDC の事業がアフガン人だけで運営されること	44.0	48.0	47.2

■問 10　あなたは，現在の NATO やアメリカ軍の作戦を支持しますか？

	カンダハール	ワーダック	キャピサ
支持する	44.9%	31.0%	57.9%
支持しない	55.1	69.0	42.1

■問 11　「NATO やアメリカ軍の軍事作戦を支持する」場合，その理由は？
(複数回答可．割合は，それぞれの県の回答者全体を母数として計算)

	カンダハール	ワーダック	キャピサ
タリバンなど反政府勢力を崩壊させるために必要	6.0%	17.6%	29.6%
タリバンと戦えるのはNATOとアメリカ軍のみ	2.0	7.8	14.8
治安を維持できるのは，NATOとアメリカ軍	10.0	7.8	15.7
アフガン軍とアフガン警察が弱体だから	30.0	9.8	10.2

■問 12 「NATOやアメリカ軍の軍事作戦を支持しない」場合，その理由は？ （複数回答可．割合は，それぞれの県の回答者全体を母数として計算）

	カンダハール	ワーダック	キャピサ
アフガン市民を殺傷している	20.0%	59.8%	21.3%
法に従わず，恣意的に武力行使をしている	24.0	52.9	20.4
アフガン軍やアフガン警察が武力行使すべき	28.0	48.8	18.5
今のアメリカ軍やNATOの攻撃は平和を生まない	8.0	37.3	15.7

■問 13 あなたは，アフガンで，「国連」が外国部隊の軍事作戦を指揮すべきだと思いますか，それとも「アメリカ軍やNATO」が指揮すべきだと思いますか？

	カンダハール	ワーダック	キャピサ
国連が指揮すべき	70.0%	98.0%	98.1%
アメリカ軍やNATOが指揮すべき	28.0	2.0	1.9

■問 14 国連は，アフガンで，他の外国よりも信頼できると思いますか？

	カンダハール	ワーダック	キャピサ
より信頼できる	80.0%	95.0%	99.1
より信頼できない	6.0	1.0	0
他の外国と同じ	14.0	4.0	0.9

■問 15 国連が，他の国より信頼できる場合，その理由は何ですか？
（複数回答可．割合は，それぞれの県の回答者全体を母数として計算）

	カンダハール	ワーダック	キャピサ
国連安保理で設置されているから	24.0%	55.9%	63.0%
国連のスタッフは世界中から来ている	22.0	60.8	74.1
アフガンの色々な勢力に対して公平	32.0	64.7	63.0
国連はアフガン人を支援している	16.0	50.0	41.7

■問 17　もしタリバンが武器を捨てるのであれば，次回の選挙にタリバンが参加することを認めるべきという議論があります．あなたは，この考えを支持しますか？

	カンダハール	ワーダック	キャピサ
支持する	100%	96.1%	80.4%
支持しない	0	3.9	19.6

■問 18　アフガンで平和を確立するために，一番大事なことは何だと思いますか？

	カンダハール	ワーダック	キャピサ
タリバンも含めた反政府武装勢力との和解	93.6%	98.0%	86.3%
タリバンリーダーなど戦争犯罪人を裁くこと	6.4	1.0	4.9
軍事作戦で，タリバンを含めた反政府武装勢力を掃討	0	0	2.9

■問 19　あなたはタリバンとカルザイ大統領による連合政権を支持しますか？

	カンダハール	ワーダック	キャピサ
支持する	98.0%	98.0%	69.4%
支持しない	2.0	2.0	30.6

■問 20　「連合政権を支持する」場合，その理由は何ですか？
（複数回答可．割合は，それぞれの県の回答者全体を母数として計算）

	カンダハール	ワーダック	キャピサ
アフガンで平和を確立する上で必要	94.0%	97.1%	69.4%
タリバンを支持しているから	4.0	1.0	5.6
その他	6.0	1.0	2.8

■問 22　あなたの日常生活は，タリバン政権時代と比べて，より危険になりましたか，それとも安全になりましたか？

	カンダハール	ワーダック	キャピサ
タリバン時代と比べ，より危険になった	73.5%	63.7%	5.6%
タリバン時代と比べ，より安全になった	26.5	25.5	86.0
タリバン時代とほぼ同じ	0	10.8	8.4

■問 23　たとえ政府が，あなたの住む郡の軍閥の司令官に対し武器の放棄を求め，その見返りに経済事業を行うと提案しても，軍閥の司令官は武器を維持

すべきだという考えがあります．あなたは，その考えに賛成ですか？

	カンダハール	ワーダック	キャピサ
賛成．軍閥の司令官は武器を維持すべき	22.0%	0%	2.8%
反対．軍閥の司令官は武器を放棄すべき	78.0	100.0	97.2

■問 26　2005 年に行われた前回の国会議員選挙は自由で公正だったと思いますか？

	カンダハール	ワーダック	キャピサ
はい	60.0%	84.2%	55.6%
いいえ	40.0	15.8	44.4

■問 27　もし「自由で公正だった」と考える場合，その理由は？
（複数回答可．割合は，それぞれの県の回答者全体を母数として計算）

	カンダハール	ワーダック	キャピサ
アフガン政府を信頼しているから	38.0%	39.2%	24.1%
国連が選挙に関与したから	20.0	65.7	37.0
その他	4.0	4.9	4.6

■問 28　もし「自由で公正でなかった」と考える場合，その理由は？
（複数回答可．割合は，それぞれの県の回答者全体を母数として計算）

	カンダハール	ワーダック	キャピサ
人々は，特定の候補者に投票するのに恐怖を感じていた	2.0%	4.9%	9.3%
人々は，選挙に出馬することに恐怖を感じていた	0	6.9	6.5
票の買収があった	12.0	10.8	30.6
票の集計に不正があった	22.0	13.7	36.1
夫が許さないため，女性が投票に行けなかった	6.0	2.9	11.1

■問 29　アフガンでの，次の選挙は，誰が行うべきですか？

	カンダハール	ワーダック	キャピサ
アフガン政府のみで行うべき	8.5%	18.0%	5.8%
アフガン政府と国連で行うべき	70.2	80.0	94.2
アフガン政府と，アメリカ・NATO で行うべき	21.3	2.0	0

資料② 東ティモール・アンケート調査の主な結果

2008年11月，著者とそのスタッフが実施
地域と人数：合計319人

※ラウテム県(東地域)＝102人
〈地域：ロスパロス郡(Sub District)〉
※ディリ県(首都)＝112人
〈地域：ディリ首都圏〉
※リキサ県(西地域)＝105人
〈地域：マウバラ郡とリキサ郡(Sub District)〉

■問2 3年前と比べ，あなたの家族の状況は以下のそれぞれの点について，改善しましたか，同じですか，それとも悪化していますか？
(無効回答があった場合，合計が100%にならないことがある．単位：%)

	リキサ県(西地域)			ディリ県(首都圏)			ラウテム県(東地域)		
	改善	同様	悪化	改善	同様	悪化	改善	同様	悪化
医療施設	54.3	30.5	14.3	43.8	46.4	8.9	19.6	71.6	7.8
水の確保	22.9	34.3	42.9	26.8	36.6	36.6	2.0	34.3	59.8
電気の供給	5.7	26.7	66.7	9.8	28.6	61.6	1.0	47.1	47.1
経済状況	20.0	53.3	25.7	14.3	57.1	26.8	1.0	51.0	42.2
食事の状態	6.7	71.4	21.0	16.1	67.9	16.1	2.0	68.6	28.4
雇用状況	16.2	49.5	33.3	20.5	45.5	33.9	2.9	47.1	39.2
女子の通学	41.9	52.4	5.7	40.2	46.4	11.6	18.6	69.6	10.8
男子の通学	48.6	43.8	6.7	33.0	58.0	8.0	16.7	72.5	9.8

■問5 あなたは，東ティモールの新国家建設が，ティモール人によって行われていると思いますか？

	リキサ	ディリ	ラウテム
はい	90.5%	88.4%	63.7%
いいえ	9.5	11.6	36.3

■問6 「いいえ」と答えた場合，誰が東ティモール新国家づくりを主導(リード)していますか？(単独回答．割合は，それぞれの県の回答者全体を母数として計算)

	リキサ	ディリ	ラウテム
オーストラリア	2.9%	2.7%	11.8%
米国	0	1.8	0
中国	0	0	0
国連	2.9	2.7	5.9
その他	3.8	3.6	20.6

■問7　1999年から2005年まで，東ティモールには国連PKO部隊が駐留していました．現在は，オーストラリアが主導する多国籍軍(国際安定部隊＝International Stabilization Force)が駐留しています．あなたは，どちらをより好ましく思いますか？

	リキサ	ディリ	ラウテム
国連PKO	83.8%	77.7%	93.1%
国際安定部隊	15.2	20.5	5.9

■問8　国連がより好ましいと考える場合，その理由は？
(複数回答可．割合は，それぞれの県の回答者全体を母数として計算)

	リキサ	ディリ	ラウテム
国連PKOは一つの外国の利益のために行動しない	32.4%	78.6%	33.3%
国連PKOのスタッフは世界中の異なる地域から来ている	49.5	41.4	35.3
国連PKOは，東ティモールの各政治勢力に公正である	49.5	33.9	59.8
国連PKOは，国際安定部隊より東ティモール人に配慮する	26.7	33.0	47.1

■問9　オーストラリアが主導する国際安定部隊がより好ましいと考える場合，その理由は？(複数回答可．割合は，それぞれの県の回答者全体を母数として計算)

	リキサ	ディリ	ラウテム
国際安定部隊は国連PKOより効果的で強力	9.5%	5.4%	4.9%
国際安定部隊は国連PKOより現地の役にたっている	3.8	10.7	2.9
国際安定部隊は東ティモール人に奉仕している	10.5	11.6	2.9

■問15　1999年から2002年まで，セルジオ・デメロが代表を務める国連暫定統治機構(UNTAET)が東ティモールを統治しました．あなたは国連暫定統治

機構を今も支持しますか？

	リキサ	ディリ	ラウテム
支持する	93.3%	98.2%	81.4%
支持しない	6.7	1.8	18.6

■問 16　もし国連暫定統治機構(UNTAET)を支持する場合，その理由は？
（複数回答可．割合は，それぞれの県の回答者全体を母数として計算）

	リキサ	ディリ	ラウテム
東ティモールが新国家と憲法を作るため国連が必要だった	58.1%	67.0%	62.7%
国連は東ティモール人によいサービスと支援をした	43.8	41.1	17.6
国連は東ティモール人の声を尊重した	64.8	54.5	37.3

■問 17　もし国連暫定統治機構(UNTAET)を支持しない場合，その理由は？
（複数回答可．割合は，それぞれの県の回答者全体を母数として計算）

	リキサ	ディリ	ラウテム
国連は何事も東ティモール人に相談せずに決定した	1.0%	1.8%	16.7%
国連は東ティモール人によいサービスと支援をしなかった	5.7	0.9	6.9
国連は東ティモール人の声を無視した	3.8	0.9	17.6

■問 18　あなたは，東ティモールの犯罪者は今，適正に起訴され裁かれていると思いますか？

	リキサ	ディリ	ラウテム
思う	49.5%	47.3%	23.5%
思わない	49.5	52.7	75.5

■問 19　「適正に起訴され裁かれていると思わない」と答えた場合，その理由は？（複数回答可．割合は，それぞれの県の回答者全体を母数として計算）

	リキサ	ディリ	ラウテム
東ティモールの裁判所が機能していない	48.6%	46.4%	62.7%
東ティモール警察が犯罪者を逮捕できない	7.6	8.0	16.7
国連警察が犯罪者を逮捕できない	1.0	5.4	8.8
東ティモール警察も国連警察も逮捕できない	27.6	20.5	21.6

■問 22　現在あなたの日常生活は，インドネシア占領時代に比べ，より危険に(もしくは安全に)なりましたか？

	リキサ	ディリ	ラウテム
インドネシア占領時代に比べて，より危険になった	7.6%	13.4%	40.2%
インドネシア占領時代に比べて，より安全になった	47.6	44.6	36.3
インドネシア占領時代とほぼ同じ	44.8	40.2	23.5

■問 25　2007 年に行われた前回の国会議員選挙は自由で公正だったと思いますか？

	リキサ	ディリ	ラウテム
はい	86.7%	83.0%	38.2%
いいえ	13.3	17.0	61.8

■問 26　もし「自由で公正だった」と考える場合，その理由は？
（複数回答可．割合は，それぞれの県の回答者全体を母数として計算）

	リキサ	ディリ	ラウテム
東ティモール政府を信頼していたから	57.1%	41.4%	33.3%
国連が選挙に関与したから	30.5	37.5	5.9
その他	1.0	1.8	0.0

■問 27　もし「自由で公正でなかった」と考える場合，その理由は？
（複数回答可．割合は，それぞれの県の回答者全体を母数として計算）

	リキサ	ディリ	ラウテム
人々は，特定の候補者に投票するのに恐怖を感じていた	9.5%	10.7%	25.5%
人々は，選挙に出馬することに恐怖を感じていた	6.7	2.7	5.9
票の買収があった	5.7	3.6	47.1
票の集計に不正があった	1.0	11.6	47.1
夫が許さないため，女性が投票に行けなかった	0.0	0.0	1.0

■問 28　東ティモールでの，次の選挙は，誰が行うべきですか？

	リキサ	ディリ	ラウテム
東ティモール政府のみで行うべき	33.3%	25.9%	52.0%
東ティモール政府と国連で行うべき	52.4	58.0	47.1
東ティモール政府と，国際安定部隊で行うべき	14.3	15.2	0

■問 29　2007 年の国会議員選挙の後，フレティリン党は，「フレティリンが最大の議席を獲得した以上，現在のグスマン連立政権は，正統性がない」と主張しました．あなたはどう思いますか？

	リキサ	ディリ	ラウテム
現在のグスマン政権は，正統性があり受け入れられるべき	73.3%	80.4%	24.5%
現在のグスマン政権は，正統性がない	25.7	18.8	75.5

■問 30　あなたは，現在の東ティモール政府が，石油収入についてよい仕事をしていると思いますか？

	リキサ	ディリ	ラウテム
よい仕事をしている	45.7%	51.8%	22.5%
悪い仕事をしている	53.3	48.2	74.5

■問 31　あなたの生活で今，一番必要としているものは何ですか？

	リキサ	ディリ	ラウテム
仕事の確保	54.3%	67.0%	36.3%
学校建設	22.9	19.6	19.6
電気の供給	10.5	4.5	8.8
水の確保	2.9	2.7	13.7
住居の確保	9.5	6.3	18.6

資料③　アルファベット略語一覧

AFMET　Alliance of Friends for Medical Care in East Timor　東ティモール医療友の会

ANBP　Afghanistan's New Beginnings Programme　アフガン新生プログラム

AU　African Union　アフリカ連合

BBC　British Broadcasting Corporation　英国放送協会

CDC　Community Development Council　地域開発評議会

CNRT　Conselho Nacional de Reconstruçáo do Timor　東ティモール再建国民会議

DDR　Disarmament, Demobilization, Reintegration　武装解除・動員解除・社会復帰

DIAG　Disbandment of Illegal Armed Groups　非合法武装勢力解体プログラム

FRETILIN　Frente Revolucionária de Timor-Leste Independente　東ティモール独立革命戦線(フレティリン)

ISAF　International Security Assistance Forces　国際治安支援部隊

ISI　Inter-Services Intelligence　統合情報部

IMF　International Monetary Fund　国際通貨基金

JICA　Japan International Cooperation Agency　国際協力機構

NATO　North Atlantic Treaty Organization　北大西洋条約機構

NC　National Council　東ティモール国民評議会

NCC　National Consultative Council　東ティモール国民協議会

NGO　non-govemental organization　非政府組織

ODA　official development assistance　政府開発援助

OEF　Operation Enduring Freedom　不朽の自由作戦

PKO　Peace-Keeping Operations　国連平和維持活動

PRT　Provincial Reconstruction Teams　地方復興チーム

SNC　Supreme National Council of Cambodia　カンボジア最高

国民評議会

UNAMA United Nations Assistance Mission in Afghanistan 国連アフガン支援ミッション(国連アフガン支援派遣団)

UNDOF United Nations Disengagement Observer Force 国連兵力引き離し監視隊

UNDP United Nations Development Programme 国連開発計画

UNHCR Office of the United Nations High Commissioner for Refugees 国連難民高等弁務官事務所

UNICEF United Nations Children's Fund 国連児童基金

UNMISET United Nations Mission of Support in East Timor 国連東ティモール支援ミッション

UNMIT United Nations Integrated Mission in Timor-Leste 国連東ティモール統合ミッション

UNPROFOR United Nations Protection Force 国連保護軍

UNTAET United Nations Transitional Administration in East Timor 国連東ティモール暫定統治機構

WFP World Food Programme 世界食糧計画

WHO World Health Organization 世界保健機関